# 만델라 이야기

| 화해와 통합의 리더십 |

## 이재석李宰錫

경남 창녕이 고향이며 서울대 재료공학과를 졸업했다.
1975년 외교부에 입부하여 아주국, 미주국, 주미얀마대사관, 주스웨덴대사관에서 근무했다. 영국 옥스퍼드대학교에서 국제정치학을 공부하였으며, 스톡홀름대학교에서 정치학박사학위를 받았다. 외교부에서 스톡홀름대학으로 직장을 옮긴 후 이 대학 부설 태평양아시아연구소 연구위원을 지냈다. 귀국 후 국가안보전략연구원의 연구위원으로 남북한 관계를 연구했다. 현재 단국대 교수로 평화학, 동아시아 국제정치, 스칸디나비아 국가 모델 등을 강의하고 있다.

*Rethinking the Korean Unification Question(1996)*, 『북한 핵 드라마』(2004), 『다시 만나는 남과 북』(2012, 공저), 『동아시아 민족주의와 국제질서』(2017) 등의 저서가 있다.

# 만델라 이야기 – 화해와 통합의 리더십

2020년 12월 20일 초판 발행
2021년 8월 20일 2쇄 발행

지은이 _ 이재석
펴낸이 _ 김수복
기 획 _ 김남필
제 작 _ 성두현
마케팅 _ 김민배
펴낸곳 _ 노스보스
등 록 _ 1968.2.27 : No. 제03-00095호
주 소 _ 경기도 용인시 수지구 죽전로 152
전 화 _ 031-8005-2405
팩 스 _ 031-8021-7154

값 18,000원



ISBN 978-89-7092-768-8 03340

# 만델라 이야기

| 화해와 통합의 리더십 |

이재석

NOSVOS

## 책을 펴내며

남아프리카는 영어, 줄루어, 코사어 등 11개 공용어를 쓰는 다민족 국가다. 데스몬드 투투Desmond Tutu 대주교는 무지개색과 같이 다양한 인종이 한 국가를 이루었다고 했다. 여러 민족의 문화 전통이 공존하는 가운데 현대 민주주의가 약동하고 있다.

'만델라 정신'이 흑인, 백인, 아시아계 이민의 후손 등을 아우르는 국민 화합의 큰 지주이다. 그의 사상과 남긴 발자취는 이 나라가 소중히 간직하는 정신적 유산이다.

이 책은 만델라가 걸어온 길에 대한 이야기다. 그의 자서전 제목이 '자유를 향한 긴 여정'Long Walk to Freedom이듯이 이 책에서도 인종 차별의 벽을 넘어 자유를 쟁취하기 위한 아프리카인의 투쟁에 만델라의 리더십이 기여한 바를 풀어내고 있다.

전통 부족 사회의 한 귀족 청년이 고향을 떠나 새로운 세상으로 뛰어들고 현대 민주주의 사회의 지도자로 성숙하는 과정을 그리고 있다. 그는 어린 시절부터 토속적 민주주의를 생활 속에서 학습하며 타협과 화합의 정치 문화를 체득했다. 생활환경과 직업이 다른 사람들의 다양한 견해를 듣는 데 익숙해 있었다. 공동체에 참여하고 있는 모든 사람의 입장과 견해를 존중하며 토론과 설득을 통해 합의를 이끌어내는 지혜를 터득했다.

교육이 그의 인격 도야에 지대한 영향을 주었다. 만델라의 자유와 민주주의에 대한 믿음은 그가 긴 세월 몸담았던 영국식 인문교육 환경에서 다져졌다. 그에게 자유란 모든 국민이 피부색에 구애되지 않고 누려야 할 보편적 가치였다. 민주주의는 이해관계가 다른 모든 사회 계층의 목소리를 담아 공동체를 위한 건설적 정책을 생산해 낼 수 있는 유일한 제도였다. 그는 늘 영국의 의회 제도가 다른 나라들도 본받을 만한 모델이라 생각했다.

남아프리카 민권 운동의 장전으로 만델라와 동료들이 내놓는 「자유의 헌장The Freedom Charter」은 자유민주주의와 삼권분립의 이상을 담고 있다. 그들이 이루고자 한 것이 곧 인류가 보편적으로 추구하는 이상이었다.

만델라의 대학 생활과 교우 관계가 그에게 새로운 세계를 열어 주었다. 대도시 요하네스버그에서 공부하고 일하며 아프리카인을 질곡으로 몰아넣은 체제의 부조리를 실감한다. 대학 캠퍼스와 직장에서 만난 동료들이 그의 정치의식을 일깨웠다. 어릴 적 예비지도자 수업 과정에서 형성된 그의 소명 의식이 다시 살아났다. 만델라는 이렇게 자유의 투사가 됐다.

오늘날의 남아프리카가 있기까지 엄청난 고난을 겪어야 했다. 수많은 인명이 희생됐고 무수한 지사志士들이 긴 세월을 감옥에서 보내야 했다. 만델라는 인생의 황금기가 되었어야 할 27년의 세월을 외딴 로벤 섬Robben Island에 갇혀 있었다. 그는 개업한 지 얼마 안 된 변호사 사무실을 청산하고 아내에게 고초를 가져다준 남편, 아이들이 자라는 모습을 보지 못한 아버지가 됐다. 그의 동지들도 이와 같이 '잃어버린 세월'을 경험했다. 뒷날의 어떠한 행복도 보전해주지 못할 상실이었다.

그러나 만델라와 동지들은 내내 품위를 잃지 않았다. 감옥에서도 자기 계발을 위해 노력하며 서로 용기를 북돋았다. 수감자들의 학업에 대한 열의가 높아 로벤 섬 감옥이 '대학'이란 별칭을 얻었다.

아파르트헤이트 체제가 해체되며 자유인이 되었을 때 자신들의 인간적 존엄을 빼앗았던 구체제 사람들을 다 용서했다. 그들도 잘못된 체제에 희생된 이들이라며 자신들이 겪었던 고난의 기억을 화해reconciliation로 승화시켰다. 그래서 오늘날의 무지개 공화국Rainbow Republic – 자연이 준 모든 피부색의 인종이 화합하여 사는 나라 – 이 가능하게 됐다.

이 무지개 공화국이 탄생하기까지의 과정이 험난했다. 이를 이루어내는 데 만델라의 협상가로서의 역량이 결정적이었다. 대의(大義)를 지키며, 목적을 분명히 하되, 협상 상대가 만델라만은 신뢰할 수 있다는 확신을 갖게 했다.

물론 이 신뢰는 일시적, 혹은 인위적인 것이 아니었다. 만델라의 인품과 철학과 걸어온 길, 그의 모든 발언과 행동, 그리고 그가 동료들과 국민들로부터 받고 있는 신망이 합쳐져 조성된 것이었다. 구체제의 주역들은 만델라를 믿고 그에게 남아프리카와 자신들의 미래를 맡기기로 했다. 사실 기적에 가까운 일이었다.

'만델라 정신'은 남아프리카가 향유하는 유산일 뿐만 아니라 인류 모두가 소중히 해야 할 자산이다. 단국대학교는 만델라의 사상과 발자취를 기리며 그의 평화, 민주, 자유, 평등, 화해의 사상을 더욱 발전시키고자 노력하고 있다. 2014년 넬슨 만델라 평화사상연구소를 대학 부설 연구소로 설립하여 만델라의 정신적 유산을 토대로 국민화합과 민주주의의 발전, 나아가 동아시아의 평화를 위한 전략을 연구하고 있다. 이러한 노력의 일환으로 이 책이 나오게 됐다. 읽는 이들에게 마음의 자양이 될 수 있기를 희망한다.

단국대학교 장충식 명예이사장님의 격려와 지원이 없었더라면 이 책이 나오지 못했을 것이다. 그의 평화 사상 연구에 대한 열정과 정성이 연구소의 닻을 올리게 하고 이 책을 낳았다. 이 자리를 빌려 깊은 존경과 감사의 말씀을 드린다.

2021년 8월

**이재석** 단국대학교 넬슨 만델라 평화사상연구소 소장

# 목차

# 만델라 연대기

| | |
|---|---|
| 1918 | 남아프리카 트란스케이 지방의 음베조 마을에서 출생 |
| 1926 | 초등학교 입학, 이때부터 넬슨(Nelson)으로 불림 |
| 1927 | 만델라의 아버지 서거 |
| | 템부 부족 왕의 섭정 종긴타바가 만델라의 후견임이 됨 |
| 1935 | 클라크베리 기숙학교 입학 |
| 1937 | 힐드타운 예비대학 입학 |
| 1939 | 포트헤어 대학 입학 |
| 1940 | 포트헤어 대학 학장과의 마찰로 학업 중단 |
| 1941 | 원하지 않았던 중매결혼을 피해 요하네스버그로 떠남 |
| | 평생 동지가 될 월터 시술루와의 만남 |
| | 요하네스버그의 로펌 수습 직원으로 취업 |
| 1942 | 아프리카민족회의(ANC) 활동에 동참 |
| | 포트헤어의 학사 학위 취득 |
| 1943 | 위트워터즈랜드 대학 법학부 입학 |
| | 이 대학에서 조 슬로보, 브램 피셔 등 백인, 인도계 동지들을 만남 |
| 1943 | 에블린 메이즈와 결혼 |
| 1944 | ANC 청년연맹 창립 멤버로 활동 |
| 1946 | 아프리카 광산 노동자 파업 지원 |
| 1947 | 트란스발 ANC 집행위원으로 선출됨 |
| 1948 | 국민당 정부가 출범하며 아파르트헤이트(인종 분리 정책)를 밀어붙임 |
| 1949 | ANC는 아파르트헤이트 폐지를 주장하며 '저항과 행동'의 강령 채택 |
| 1950 | ANC 전국집행위원으로 선출됨 |
| | ANC가 아파르트헤이트에 항거하는 1일 총파업 주도 |
| 1951 | ANC 청년연맹 의장으로 선임 |

1952 ANC 부의장으로 선출됨, 변호사 자격 취득
남아프리카 최초의 흑인 변호사가 경영하는 로펌 만델라 · 탬보 개업
ANC는 아파르트헤이트 악법을 거부하는 비폭력, 비협조 운동을 전국적으로 무한 전개하기로 함
만델라 체포, 구금 됨

1953 소피아타운 흑인 강제 이주 계획에 항거하는 ANC 캠페인

1955 ANC를 비롯한 민권 운동 단체들이 주최한 국민회의에서 「자유의 헌장」 채택

1956 만델라, 반역 혐의로 기소됨

1958 에블린과 이혼 후 위니프레드 마디키젤라와 재혼

1960 샤퍼빌 학살로 69명의 흑인이 목숨을 잃음
ANC와 범아프리카회의(PAC)에 대한 활동 금지령

1961 반역 혐의 재판에서 만델라와 동료들에 무죄 선고
비폭력 투쟁의 한계가 드러나 만델라가 이끄는 「민족의 창」(MK)을 조직하여 사보타지 캠페인에 돌입 – 만델라 지하로 잠복 – 인명 살상을 피하며 정부를 협상 테이블로 이끌어내 고자 함
앨버트 루툴리(Albert Luthuli) ANC 의장 남아프리카 민권 운동에 기여한 공로로 노벨평화상 수상

1962 만델라, 아프리카 여러 나라와 영국을 순방하며 ANC에 대한 지원 호소 – 귀국 후 체포됨 – 3년 징역 형

1963-64 복역 중 국가 전복 혐의로 다시 재판 받음

1964 법정에서 아파르트헤이트 체제를 비판하는 만델라의 명연설이 세계적인 주목을 받음 – 무기 징역 선고

1975 로벤 섬 교도소에서 회고록 집필

1976 소웨토(Soweto)에서 15,000여 명의 학생 봉기

1979 만델라에게 자와할랄 네루 인권상 수여

1980 루사카에 망명 중인 ANC 본부를 중심으로 만델라 석방 운동 전개

1981 런던대학교 학생회는 만델라를 명예직인 대학 부총장 후보로 지명

1982 로벤 섬에서 케이프타운 근교의 폴스무어 교도소로 이송

1983 아파르트헤이트에 항거하는 600여 사회단체들이 연합민주전선(UDF) 결성 – 복역 중인 만델라를 그 후견인(guardian)으로 위촉

1984 데스먼드 투투(Desmond Tutu) 대주교, 남아프리카 민권 운동에 기여한 공로로 노벨평화상 수상

1985 국가비상사태가 선포된 가운데 만델라–남아프리카 정부 간 비밀 협상 개시

| | |
|---|---|
| 1986 | 만델라, 영연방 명사 그룹과 남아프리카의 미래 논의 |
| | 미국 의회, 포괄적인 반아파르트헤이트 법 제정 |
| 1987-88 | 만델라–정부 대표 간 협상 |
| 1988 | 폴스무어에서 빅터 베스터 교도소로 이송 |
| 1989 | 보타 대통령이 사임하고 데 클레르크 대통령 취임 |
| 1990 | 데 클레르크 정부는 ANC에 대한 금지령 해제 |
| | 만델라, 27년의 수감 생활 끝에 석방 – 유럽, 북미, 아프리카 순방 |
| | 만델라–데 클레르크 정부 간 협상에서 무장 투쟁 중지와 정치범 일부 석방에 합의 |
| 1991 | 만델라, ANC 의장으로 취임 |
| | 남아프리카의 민주 체제 수립을 위한 CODESA 총회 개최 |
| 1992 | 제2차 CODESA 총회 |
| 1993 | 만델라, 데 클레르크 대통령과 공동으로 남아프리카의 평화로운 민주화를 위한 공로로 노벨평화상 수상 |
| 1994 | 남아프리카 최초의 모든 인종이 동등한 투표권을 행사하는 총선에서 ANC가 62.6% 득표 |
| | 만델라, 새로 탄생한 무지개 공화국의 초대 대통령에 취임 |
| | 데 클레르크를 제2 부통령으로 임명 |
| | 모든 인종, 모든 정파가 내각을 구성하는 통합 정부 출범 |
| 1995 | 진실 화해 위원회 발족 |
| 1996 | 남아프리카 새 헌법 제정 |
| 1999 | 만델라, 첫 임기를 마친 후 대통령직에서 물러남 |
| | 그의 중재 노력으로 부룬디 평화 체제가 자리 잡음 |
| 2006 | 공직 은퇴 선언 |
| 2013 | 서거 |

# 줄임말 목록

| | |
|---|---|
| ANC | African National Congress, 아프리카민족회의 |
| APO | African People's Organization, 아프리카국민기구 |
| BCM | Black Consciousness Movement, 흑인의식운동 |
| COD | Congress of Democrats, 민주회의 |
| CODESA | Convention for A Democratic South Africa, 민주 남아프리카를 위한 총회 |
| COSATU | Congress of South African Trade Unions, 남아프리카 노동조합 회의 |
| IFP | Inkatha Freedom Party, 인카타 자유당 |
| MK | Umkonto we Sizwe, Spear of the Nation, 민족의 창 |
| NAM | Non-Aligned Movement, 비동맹운동 |
| NEC | National Executive Committee, (ANC) 전국집행위원회 |
| OAU | Organization of African Unity, 아프리카연합기구 |
| PAC | Pan African Congress, 범아프리카회의 |
| PAFMECSA | Pan-African Freedom Movement of East, Central and Southern Africa, 범아프리카 자유운동 |
| SACPO | South African Coloured People's Organization, 남아프리카유색인기구 |
| SAIC | South African Indian Congress, 남아프리카인도인회의 |
| SWAPO | South West Africa People's Organization, 서남아프리카국민기구 |
| UDF | United Democratic Front, 연합민주전선 |

# 남아프리카와 이웃 나라들

# 01

# 성장기

Nelson Rolihlahla Mandela

## 남아프리카의 평원에서

넬슨 만델라는 1918년 7월 18일 남아프리카 동남부 트란스케이Transkei 지방의 작은 마을 음베조Mvezo에서 태어났다. 바쉬Bashee 강이 내려다보이는 고요한 농촌이었다. 이곳의 지평은 100년이 지난 지금도 그대로다. 맑은 강이 비옥한 평원을 굽이굽이 흐르며 구릉 위의 가축과 목동이 한가로워 보인다.

만델라의 아버지 헨리 가들라 음파하니스와Henry Gadla Mpakhanyiswa는 아들에게 롤리라라Rolihlahla라는 이름을 지어주었다. '나무 가지를 끌어 당긴다'는 의미였으나 구어로는 '말썽꾸러기'라는 애칭이었다. 넬슨Nelson이라는 영국식 이름을 갖게 된 것은 그가 초등학교에 입학하면서였다.

만델라는 코사Xhosa 민족의 한 갈래인 템부Thembu 부족을 다스렸던 엥구벤쿠카Ngubencuka 왕의 후손이다. 대대로 만델라의 가문에서 부족의 으뜸가는 대신大臣이 나오고 이런 전통에 따라 아버지는 템부 왕실의 수석 보좌관의 지위였다. 부족의 중요한 행사 때마다 왕의 바로 옆을 지켰다.

템부 왕은 가들라를 음베조의 읍장으로 임명하고 이를 식민 통치권을 행사하던 영국 정부가 승인했다. 읍장은 주민들의 정신적인 지주이자 읍내의 대소사를 보살피는 지도자였다. 민회民會와 의식儀式을 주관했고 부족의 역사와 문화 지킴이였다. 식민지 통치조직 상 읍의 행정수장 역할도 맡았다. 봉급이 지급되고 지방세의 일부도 거두는 직책이었다.

만델라의 어머니 논카피 노세케니 화니Nonqaphi Nosekeni Fanny는 아버지의 네 부인 중 셋째였다. 소유한 가축의 수에 따라 평가되던 남자의 재산 정도에 따라 1명 이상의 부인을 둘 수 있었던 때였다. 만델라는 어머니의 몸에서 난 세 누이가 있었다. 그리고 아버지의 다른 부인들이 낳은 형이 셋, 누이가 여섯 있었다.

어머니는 기독교인이 되어 화니Fanny라는 유럽식 이름으로 불리고 만델라도 일찍이 감리교 신자로 세례 받았다. 훗날 만델라는 어머니를 그와 마음을 함께 한 '진정한 첫 친구'로 회상한다. 어머니가 들려준 전설과 교훈담이 일생 만델라의 핏속을 흐르게 된다.

만델라가 태어난 해에 1차 세계대전이 막을 내렸다. 아프리카민족회의African National Congress, ANC는 베르사이유 평화회의Versailles Peace Conference에 대표단을 파견했다. 자유와 평등을 갈구하는 아프리카인의 희망을 전하고자 했다. 그해에 세계 전역을 휩쓴 인플루엔자가 천만 이상의 생명을 앗아갔다. 그러나 만델라의 고향 농촌의 삶은 이런 일들과는 무관한 듯 수백 년 간 이어져 온 그대로였다.

## 촌락에서 장원으로

만델라가 두 살 때 일어난 사소한 일로 아버지는 읍장의 지위를 잃게 된다. 마을의 길 잃은 소를 둘러싼 분쟁에서 한 주민이 가들라 읍장에게 불만을 제기하자 백인 지방행정장관은 읍장이 출두하여 해명할 것을 요구했다. 가들라는 이 같은 분쟁은 읍장의 고유한 소관으로서 행정장관이 관여할 일이 아니라며 출두를 거부했다. 행정장관은 아무런 추가 질의나 조사 없이 즉각 가들라의 읍장 지위를 박탈했다. 불복종을 용인할 수 없다는 것이었다.

만델라의 가족이 곤경을 겪게 된다. 아버지는 부유한 귀족으로서 누렸던 재산과 지위를 동시에 잃었다. 땅과 가축을 대부분 빼앗기고 그의 지위에 따라왔던 봉급도 끊겼다. 어머니는 음베조 북쪽의 쿠누Qunu로 이사하여 친척의 도움을 받으며 살아야 했다. 그러나 어린 만델라는 이런 변화를 의식하지 못했다. 훗날에야 아버지의 자부심이 부른 가족사의 곡절을 알게 된다.

아버지가 재산과 지위를 잃었음에도 만델라의 어린 시절은 구김이 없었다. 마을 동무들과 함께 무구한 나날을 보냈다. 다섯 살 때부터는 양치는 목동이 되기도 했다. 일곱 살 때 그의 생을 바꾸어 놓을 큰 변화가 일어났다. 아버지의 친구 조지 음베켈라George Mbekela의 권유로

학교에 입학한 것이다. 그전까지는 만델라 집안에서 학교를 다녀본 이가 없었다.

아버지는 만델라를 학교에 보내자는 친구의 권유에 선선히 응했다. 이런 근대적 교육이 필요하게 된 시대의 변화를 감지하고 있었다. 만델라가 입학하는 날 아버지는 자신이 입던 바지를 아들의 키에 맞게 잘라 입혔다. 넓은 허리춤은 긴 줄로 동여매야 했다. 좀 우스꽝스러운 모습이었으나 아들을 처음 학교에 보내는 아버지의 마음이 담겨 있었다.

학교는 언덕 너머에 있었다. 감리교 계통의 미션스쿨로 교실 하나 있는 서양식 건물이었다. 첫날 음딘가네Mdingane 선생님은 학생들에게 영국식 이름을 지어주었다. 만델라는 이때부터 넬슨Nelson으로 불리게 된다. 교육은 영국식이었다. 영국 문화와 제도, 그리고 영국적 사고가 어린 학생들에게 전수됐다.

만델라가 아홉 살이 됐을 때 더 큰 변화가 일어났다. 아버지가 폐병으로 세상을 떠나며 전혀 새로운 환경에서 자라게 된다. 장례식을 치르고 슬픔이 가라앉기도 전에 그는 어머니와 함께 정든 쿠누 마을을 떠나야 했다. 생의 새로운 장이 그를 기다리고 있었다.

아침 일찍부터 하루 종일 시골길을 걸어 도착한 곳은 계곡을 낀 마을의 큰 장원이었다. 당당한 사각 건물 두 동과 원형 집 일곱 채 앞뒤로 정원과 밭, 과수원이 있었다. 섭정 종긴타바 달린디에보 대족장Chief Jongintaba Dalindyebo의 저택으로 템부란드Thembuland의 임시 청사로 기능하는 곳이었다.

전혀 다른 세상에 온 듯했다. 그전까지는 동무들과 뛰어놀던 마을이 그가 아는 세상의 전부였다. 그러나 이곳엔 부와 품위와 권력이 숨쉬고 있었다. 어머니는 2, 3일 후 쿠누 마을로 돌아갔다. 만델라는 앞날에 대한 부푼 기대에 휩싸여 어머니와 작별하는 서운함을 느낄 새도 없었다. 어머니도 현실을 담담히 받아들이며 슬픈 모습을 보이지 않았다. 자애롭고 따뜻한 얼굴로 "아들아 단단히 버텨야 한다"는 말을 남기고 떠났다.

종긴타바가 섭정Regent을 맡게 된 것은 1920년대까지 템부 부족을 다스린 종길리즈웨Jongilizwe 왕이 서거한 후 그의 뒤를 이을 사바타Sabata 왕자가 성년에 이르지 못했기 때문이었다. 그를 섭정으로 세우는 과정에 만델라의 아버지 가들라의 역할이 컸다. 세 후보가 경합하였으나 가들라가 지지한 종긴타바가 섭정의 자리에 올랐다. 가들라와 종긴타바는 같이 마디바Madiba 씨족 출신이기도 했다.

가들라가 세상을 떠나기 전 종긴타바에게 만델라의 후견인이 돼줄 것을 부탁했다. 종긴타바는 가들라의 우의에 대한 보답으로, 그리고 씨족의 지도자로서 만델라를 보살피며 부족의 동량으로 기르고자 했다. 그의 부인도 만델라를 친 아들처럼 보살폈다. 섭정의 외동아들 저스티스Justice는 만델라보다 네 살 위로 친형과 같이 우애로웠다. 종긴타바의 딸 노마Noma, 그리고 조카딸 엔톰비조드와Ntombizodwa도 좋은 놀이 동무가 됐다.

만델라는 장원 생활에 곧 익숙해졌다. 마치 그곳에서 자란 아이처럼 주변과 잘 어울렸다. 저스티스, 노마, 그리고 나중엔 사바타의 형 엔제코Nxeko도 합류하여 장원의 어린 4총사를 이루었다. 저스티스는 어린 만델라가 우러러본 우상이었다. 큰 키에 잘생기고 체격이 좋았을 뿐 아니라 육상, 크리켓, 럭비에 능한 만능 스포츠맨이었다. 만델라는 내성적이었던 데 비해 저스티스는 쾌활하고 사교적이었다. 모임에서는 노래와 춤 솜씨로 주위를 매료했다. 그는 장원에서 100킬로 떨어진 클라크베리Clarkebury 기숙학교에 재학 중이었다.

만델라는 장원 바로 옆의 교실 하나 있는 초등학교에 다녔다. 영어, 코사어, 역사와 지리를 공부했다. 만델라의 공부에 대한 끈기는 남달랐다. 장원에서 같이 생활한 화티웨Phathiwe 아주머니가 그의 숙제를 매일 검사하기도 해서 꾸준히 공부하는 습성이 몸에 베였다.

장원은 감리교의 선교 본부이기도 했다. 기독교 문화가 이곳 생활에 깊이 스며 있었다. 만델라에게도 종교가 새로운 의미를 갖게 된다. 쿠누에선 세례 받는 날 외엔 교회에 간 적이 없었다. 그러나 이젠 일요일 미사 참석이 생활의 중요한 일부가 됐다. 섭정 내외는 독실한 기독교인이었으며 만델라의 교육에도 종교는 떼어놓을 수 없는 부분이었다. 종긴타바가 만델라에게 딱 한번 회초리를 든 것은 소년이 이웃 동무들과 어울리느라 일요일 미사를 빠진 때였다.

종긴타바는 엄했으나 만델라는 그의 사랑을 의심해 본 적이 없었다. 내외가 함께 친아들과 같이 보살피고 훈육했다. 그들은 만델라를 '타톰훌루Tatomkhulu'라는 애칭으로 불렀다. '영감'이라는 뜻이었다. 소년이 매우 진지하여 나이가 지긋한 사람처럼 보여서였다.

## 전통사회의 민주주의

종긴타바의 부족 지도자로서의 역할도 만델라에게 많은 가르침을 주었다. 특히 부족 민회에서 이루어지는 의사 결정의 과정은 원초적 민주주의의 한 모델이었다. 이 민회에서 템부 부족의 모든 대소사가 논의되었다. 가뭄 대책, 가축의 사육과 선별, 지방행정장관의 시책, 식민지 당국이 반포한 법 등에 대한 주민의 견해가 토의되는 자리였다.

정해진 회기는 없었고 필요에 따라 회의가 소집되면 템부란드 각처의 씨족장과 지도자들을 포함하여 많은 참석자가 장원의 옥외 회의장에 운집했다. 섭정은 그를 보좌하는 부족 원로들을 대동한 가운데 민회를 주재했다.

섭정이 개회 인사와 함께 회의가 소집된 배경과 의제를 설명한 후 자유 토론의 형식으로 회의가 진행됐다. 누구에게나 발언할 기회가 주어졌다. 씨족장과 일반 주민, 무사武士와 주술사, 상인과 농부, 지주와 노동자가 저 나름의 목소리를 냈다. 순수한 형태의 민주주의라 할 수 있었다. 모두가 기탄없이 자기 의견을 개진할 수 있었고, 모든 견해가 동등한 가치를 지니는 것으로 여겨졌다.

어떤 사람은 조리 없이 횡설수설하는가 하면 매우 논리적으로 문제의 핵심을 찌르는 이도 있었다. 감정에 호소하며 청중의 마음을 움직이는 연사도 있었다. 섭정이 통렬한 비판의 대상이 되기도 했다. 그러나 그는 경청만 할 뿐, 자신을 변호하거나 감정을 내보이지 않았다.

민회는 의제에 대한 합의consensus가 이루어질 때까지 계속됐다. 행사가 막을 내려야 할 해질 무렵 주재자인 섭정이 제시된 모든 의견을 종합하여 모종의 집단 의사를 도출할 수 있다면 다행이었다. 만장일치로 합의에 도달한 경우였다.

그러나 합의를 누구도 강요하지 않았다. 합의가 도출되기 어려울 경우 의사 결정은 다음 기회로 미루어졌다. 이들에게 '다수결'이란 생소한 개념이었다. 다수의 의견이라고 하여 소수에게 강요하는 일이 없었다.

이와 같은 순수 민주주의 과정의 중심에 서 있었던 섭정이 훗날의 정치인 만델라에게 귀감이 된다. 토론에서 자신의 의견을 내기 전에 항상 다른 이들의 목소리에 귀 기울였다. 자신이 지도자로서 내리는 결정은 많은 경우 토론 과정에서 나온 다양한 견해의 수렴 결과였다. 섭정이 만델라에게 한 말을 잊지 않았다: "지도자란 목동과 같다. 목동은 양떼 뒤에서 가장 영리한 양이 무리를 이끌도록 한다. 양떼는 목동을 의식하지 않고 선두를 따른다."

종긴타바와 교유하는 어른들을 통해 만델라는 역사에 눈을 뜨게 된다. 영국 교과서에서는 남아프리카의 역사가 네덜란드인 얀 반 리베크Jan van Riebeeck가 희망봉에 도착하며 시작되었다고 배웠다. 그러나 이제 조상들이 그 전 수천 년에 걸쳐 지금 남아프리카의 훨씬 북쪽 지역에서부터 삶의 터전을 닦았음을 알게 된다.

역사에 특히 해박했던 어른이 조이Joyi 씨족장이었다. 연로한 분이었으나 역사를 이야기할 때면 열정에 타올라 수십 년 젊어 보였다. 엔구벵쿠가 왕가 출신으로서 아프리카 지도자와 전사들의 연대기를 꿰뚫고 있었다. 또한 민족 문화에 대한 애정과 자부심이 남달랐다. 템부Thembu, 음퐁도Mpondo, 코사Xhosa, 줄루Zulu 등은 원래 같은 조상의 후손들이었으나 백인들이 들어와 그들을 갈라놓았다고 했다.

식민 통치가 고통과 불신을 불러왔다고 했다. 대대로 함께 땅을 일구며 살아왔으나 백인들이 이 땅을 빼앗았다. 땅은 공기, 물과 같이 공동체가 함께 향유하는 것이었으나 백인에겐 물건처럼 빼앗고 독점하는 것이었다. 조이 어르신이 가르친 아프리카 역사가 만델라의 민족의식을 일깨우고 있었다.

## 성년 의식

만델라는 그의 자서전에서 자신이 치른 성년 의식-할례割禮-에 대해 매우 자세히 기술하고 있다. 그 과정과 결과가 자신의 의식에 미친 영향을 깊은 문학적 감성으로 묘사한다.

종긴타바는 만델라가 열여섯 살 때 성년 의식을 치르도록 했다. 코사 전통에 따르면 할례를 행함으로써 '소년'이 비로소 '남자'가 될 수 있었다. 할례를 치르지 않으면 아버지의 재산을 물려받을 수도 없고 결혼도 할 수 없고 부족의 의식도 집전할 수 없었다.

할례 의식을 치른 후 새 이름도 주어진다. 만델라의 경우 달리붕가Dalibunga라는 이름이었다. '붕가의 창시자'라는 의미였다. 붕가Bunga는 트란스케이Transkei 지방을 다스렸던 전통적 통치조직이었다. 훗날 그가 새로운 남아프리카공화국의 초대 대통령이 된 것을 생각하면 이 이름이 예언적이었다고도 할 수 있겠다.

## 클라크베리 기숙학교

성년 의식을 치른 후 얼마 지나지 않아 만델라의 생활환경이 크게 바뀌었다. 엥코보Engcobo 지역의 클라크베리 기숙학교Clarkebury Boarding Institute에 입학하게 된 것이다. 종긴타바가 직접 운전하는 포드 V8 승용차를 타고 정든 장원을 떠나 음바쉐Mbashe 강을 처음으로 건넜다.

클라크베리교는 1825년 설립된 미션 스쿨로 템부란드의 아프리카인을 위한 명문교였다. 종긴타바도 이 학교를 나오고 아들 저스티스도 이 학교에 보냈다. 훗날 만델라와 함께 아프리카 민족회의African National Congress 지도자로 활동하는 쿠마Afred Bitini Xuma도 이 학교를 다녔다.

19세기 중반 이래 아프리카의 교육 기관은 거의 모두 기독교 선교단이 운영했다. 정부는 교육에 거의 관여하지 않았다. 클라크베리도 감리교 산하의 고등학교로서 교사 양성 과정도 있었고 목수, 재단사, 철공 일을 가르치는 실업학교로도 기능했다.

종긴타바는 만델라를 태우고 가며 교장 해리스Cecil C. Harris 목사님에 대해 이야기해 주었다. 그를 백인 템부족이라고 했다. 그만큼 템부 부족에 대한 사랑과 이해가 깊은 사람이었다. 장차 왕위에 오를 사바타Sabata 왕자도 나이가 되면 해리스 목사님께 의탁할 것이라 했다.

교장 선생님이 서재에서 일행을 접견했다. 만델라가 처음 백인과 악수를 나눈 자리였다. 종긴타바는 소년을 장래 왕의 수석보좌관이 되도록 훈육하고 있다며 교장 선생님께도 특별한 관심을 부탁했다. 목사님은 그 자리에서 클라크베리 학생들은 모두 방과 후 육체노동의 의무가 있다며 만델라에게 그의 정원을 돌보도록 하겠다고 했다. 인터뷰가 끝난 후 종긴타바는 소년에게 작별을 고했다. 용돈으로 준 1파운드는 소년이 처음 가져보는 거금이었다. 만델라는 그를 실망시키지 않겠다며 인사했다.

클라크베리는 규모가 큰 캠퍼스였다. 강의실, 도서관, 기숙사, 그리고 주택을 포함하여 모두 20여 개의 잘 단장된 서구식 건물이 자리잡고 있었다. 아프리카 식은 찾아볼 수 없는 환경이었다. 만델라는 다시 한번 새로운 세계로 들어온 느낌이었다.

장원에서 자라는 동안 만델라는 주변의 모든 사람들이 주목하는 남다른 존재였다. 그러나 여기선 달랐다. 아무도 그에게 대단한 관심을 보이지 않았고 그가 엔구벵쿠카Ngubencuka 왕족의 후손이란 것도 상관하지 않았다. 사실 재학생 대부분이 명문 집안 출신이어서 만델라가 그리 특별한 존재가 아니었다.

그는 점차 학교생활에 적응해 갔다. 스포츠 활동에도 적극 참여하여 테니스와 축구를 즐겼다. 그리고 처음으로 이성 친구를 갖게 됐다. 마토나Mathona라는 같은 반 여학생과 마음을 나누었다. 이곳 선생님들은 정규 교육 과정을 거친 이들이었다. 대학 학위를 받은 이도 여럿 있었다.

학교는 마치 사관학교와 같이 규율이 엄했다. 어떤 탈선도 처벌을 피해가지 못했다. 해리스 목사님은 언제나 근엄한 얼굴로 학교를 다스렸다. 학생과 교사들에게 그는 두려움의 대상이었다. 만델라는 정원을 돌보며 교장 선생님 가족과 가까워질 수 있었다. 정원에서 만나는 해리스 목사님은 따뜻하고 마음 넓은 스승이었다. 그의 아프리카인 교육에 대한 열의는 남달랐다. 그는 과묵한 편이었던 반면 부인은 만델라와 많은 이야기를 나눈 상냥한 분이었다. 그리고 여기서의 경험으로 만델라는 일생 꽃과 식물을 사랑하는 정원사가 됐다.

만델라는 공부에도 요령을 터득하여 보통 3년 걸리는 중학교 과정을 2년 동안 마쳤다. 기억력이 좋다는 평판을 얻었으나 사실은 남다른 노력의 결과였다. 클라크베리를 졸업한 후 마토나와는 연락이 끊겼다. 그녀는 부모님 형편이 여의치 않아 상급 학교로 진학하지 못했다. 매우 자질이 훌륭하고 영리한 여학생이었으나 여건이 허락하지 않아 공부를 계속할 수 없었다.

클라크베리는 만델라의 지평을 넓혔다. 시골 출신으로서 트란스케이 지방 각처에서 온 학생들과 어울렸다. 대도시 출신 학생들에 비하면 자신은 세련되지 않았다는 느낌도 들었다. 그러나 여전히 템부 출신이라는 것이 자랑스러웠다. 그의 뿌리가 템부 왕을 보좌할 그의 앞날을 정해 놓고 있었다.

## 힐드타운 예비대학

1937년 1월, 만델라가 열아홉 살 때 힐드타운 예비대학Healdtown College에 입학했다. 대학 진학을 준비하는 곳이었다. 고향 마을에서 남서쪽으로 280킬로 떨어진 포트 보퍼트Fort Beaufort에 위치해 있었다. 여기 지명은 과거 정복지를 넓혀가던 영국군의 전초기지였던 역사에서 유래했다.

힐드타운은 1853년 세워진 감리교 미션스쿨로 만델라가 입학할 당시 학생 수가 1,000명이 넘었다. 적도 아래 가장 규모가 큰 흑인 교육 기관이었다. 유럽식의 상아빛 건물들과 나무 그늘이 드리워진 훌륭한 교정은 배움의 오아시스 분위기를 자아냈다. 영국 교육 제도를 모델로 한 기독교 인문 교육의 전당이었다.

학생들은 매일 아침 6시에 기상하여 6시 40분이면 영국 왕 조지 6세의 근엄한 초상이 내려다보는 가운데 조반을 먹었다. 아침 식단은 마른 빵과 더운 설탕물뿐으로 매우 검소했다. 8시에 기숙사 밖 교정에서 사열을 받았다. 12시 45분까지 수업을 받고 점심을 먹었다. 옥수수죽, 발효 우유, 콩 등의 단조로운 메뉴였고 육류가 나오는 경우는 매우 드물었다. 오후엔 5시까지 수업이었다. 이후 1시간의 휴식 중 운동을 할 수 있었다. 저녁 식사 후 7시부터 9시까지 공부방에서 자습했다. 9시 30분에 취침, 소등이었다.

학생들은 여러 다른 지방 출신이었다. 코사어를 쓰는 이들이 가장 많았으며 대체로 같은 부족 학생들끼리 어울렸다. 만델라는 처음으로 소토Sotho 말을 하는 몰레테Zachariah Molete라는 친구와 가까이 지냈다. 새로운 경험이었다.

만델라는 학창 생활을 회고하며 자신은 자질이 남달랐다기보다 노력형이었다고 이야기한다. 그러나 그가 클라크베리에서, 그리고 여기 힐드타운에서도 보통 3년 걸리는 과정을 2년 만에 마친 것을 보면 그의 잠재력과 학업에 대한 의지가 함께 작용한 것으로 보인다. 힐드타운에서는 코사 논문 대회에서 최고상을 수상하기도 했다.

그는 스포츠에도 열심이었다. 2학년 때부터 장거리 달리기의 매력에 빠졌다. 학교의 장애물경기 챔피언이었던 친구 엔자멜라Locke Ndzamela가 권해서 시작한 운동이었다. 만델라의 키가 크고 호리호리한 체격이 이 종목에 이상적이라고 했다. 복싱도 힐드타운에서 시작했으나 처음엔 자신의 몸에 잘 맞지 않는 듯했다. 훗날 체중이 좀 불어난 후 몸에 익었다.

만델라는 학업에서나 스포츠 활동에서 스스로를 도야하는 습성을 즐겨 체득한 것으로 보인다. 클라크베리와 힐드타운의 학교 문화는 그의 인격 형성에 큰 자취를 남긴다.

생물학을 가르치는 레벤트렐레Frank Lebentlele 선생님이 학생들에게 인기 있었다. 젊은 분으로 풍채도 좋고 학생들과 친근하게 지냈다. 학교 축구팀의 스타 선수로 학생들과 함께 뛰었다. 남달랐던 점은 소토 말을 하면서 트란스케이 출신의 코사 여자와 결혼했다는 점이었다. 당시 다른 부족 출신과 결혼하는 일은 매우 드물었고 터부로 여겨지기까지 했다.

기숙사 사감이었던 모키티미Mokitimi 목사는 학생들의 고충을 이해하는 분이었다. 쾌활하고 탁 트인 성격으로 기숙사의 식단이나 학생들의 자율 등에 관해 여러 개선할 점을 건의했다. 그는 매주 일요일

힐드타운 칼리지 학급 사진으로 뒷줄 오른쪽에서 다섯 번째가 만델라다.(1938)

점심 식사를 학교 식당에서 남 · 여 학생들이 함께 하는 안도 내놓았다. 이 안을 만델라는 그리 반기지 않았다. 테이블 매너table manner에는 자신이 없었고 여학생들의 눈을 의식하며 식사하고 싶지 않았다.

## 민족 시인의 방문

그가 졸업반이었을 때 학교에 이변이 일어났다. 코사의 민족 시인 크루네 음카이Krune Mquayi가 학교를 방문한 때였다. 영국계 미션 스쿨

기풍의 학교에서 반식민지 민족주의 정신을 고취한 시인의 강연은 학교 당국도 학생들도 예상치 못한 것이었다. 그가 방문한 날은 학교의 휴일로 지정됐다. 강연장인 대식당에 모든 학생, 교사들이 기다리고 있었다. 그가 등장하는 장면부터 충격적이었다. 호랑이 가죽 망토를 두르고 한쪽 손에는 짐승 뿔로 만든 창을 들고 연단에 올랐다.

그의 강연 앞부분은 그리 주목을 끌지 못했다. 코사 말로 천천히 이야기하며, 때로는 말을 더듬는 듯했다. 적절한 표현을 찾지 못해 머뭇거리기도 했다. 그러다가 그가 든 창이 커튼의 철사에 부딪치며 날카로운 소리를 냈다. 이 소리가 그에게 무슨 생각을 일깨운 듯했다. 창과 커튼 철사를 번갈아 보며 말없이 연단을 오가다가 더디어 입을 열었다.

창과 철사의 부딪침이 아프리카와 유럽 문명의 충돌이라고 했다. 창은 영광스러운 아프리카 역사의 표상이며 전사이자 예술가인 아프리카인의 것이라고 했다. 반면 철사는 능숙하지만 차가운, 영리하지만 혼이 없는 서구 공업의 산물이라고 했다. 이 둘의 부딪침은 토착적이며 선한 것과 외래의 악한 것과의 충돌이라고 했다.

우리는 이 땅의 고유한 문화를 돌보지 않는 외래인에게 나라를 맡길 수 없다. 언젠가 아프리카 인의 힘으로 승리를 거두는 날이 올 것이다. 너무 오래 백인의 신에 굴복했다. 우리는 다시 일어서 이런 외래의 것을 벗어 던질 것이라고 했다.

강연이 끝나자 학생들 모두가 자리에서 일어나 갈채를 보냈다. 만델라에게도 감동적인 강연이었다. 한편 마음속에 여러 생각이 교차했다. 시인은 코사 문화의 지고함을 읊었다. 그러나 학교의 다른 부족 출신 학생들과 함께 생활하며 아프리카인들은 문화적으로 통하는 점이 많다는 것도 알게 됐다. 그리고 장래 백인과 대등해질 수 있겠으나 아직은 그들의 문명에서 배울 것이 많을 것으로 느꼈다.

## 포트 헤어 대학

보통 3년 걸리는 힐드타운 학업을 2년 만에 마치고 포트 헤어 대학University College of Port Hare에 진학했다. 이 대학은 당시 사하라 사막 남쪽의 유일한 고등교육 기관으로 아프리카의 옥스퍼드 혹은 하버드로 알려져 있었다. 지금은 종합대학교University of Port Hare로 발전했다. 힐드타운에서 동쪽으로 약 30킬로 떨어진 앨리스Alice 시와 인접해 있었다.

종긴타바는 만델라가 이 명문대학에 들어갈 수 있기를 그토록 원했다. 만델라 자신도 마음이 뿌듯했다. 마디바Madiba 씨족 출신으로서 대학에 진학한 것은 만델라가 처음이었다. 저스티스는 아직 힐드타운에 머물러 있었다. 그는 공부에는 그리 정성을 기울이지 않았고 사교에 관심이 더 많았다. 종긴타바는 만델라의 대학 입학을 축하하며 처음으로 정장 양복을 맞추어주었다.

포트 헤어는 1916년 설립된 스코틀랜드계 미션스쿨이었다. 정부가 현지인의 교육을 위해 크게 투자하지 않았던 반면 선교단이 클라크베리, 힐드타운, 그리고 이 대학과 같은 학교를 설립하고 운영했다. 미션스쿨은 정부가 설립한 공립학교에 비해 현지 문화를 더 많이 포용하는 분위기였다.

포트 헤어는 1939년 2월 만델라가 입학할 당시 재학생 150명 정도의 규모였다. 그 중 10여 명은 클라크베리와 힐드타운 때부터 알던 동료들이었다. 이곳에서 만탄지마K. D. Mantanzima를 처음 알게 됐다. 만델라와 동향으로 알고 보니 그의 씨족 계보로는 조카뻘이었다. 나이는 만델라보다 위인 3학년생으로서 그의 멘토가 됐다.

양복 입은 모습의 대학생 만델라(1939)

이 대학은 유수한 인재들을 배출했다. 머슈스Z. K. Matthews 교수는 아프리가 지식인의 귀감이었다. 광부의 아들임에도 스스로를 연마하여 입신한 인물이었다. 이 대학을 졸업한 후 예일대학과 런던대학에서 수학했다. 만델라는 머슈스 교수의 사회인류학과 토착민행정학Native Administration 강의를 들었다. 자바부D. D. T. Jabavu 교수도 유명했다. 런던대학에서 영문학 학위를 받은 분으로 라틴어, 역사, 인류학, 그리고 코사어를 가르쳤다. 코사 부족의 계보에 관해서는 백과사전적 지식을 보유했다. 만델라도 몰랐던 그의 아버지에 대한 이야기를 들려주기도 했다.

머슈스 교수와 자바부 교수는 진보적 계몽주의자였다. 모든 아프리카인들이 공민권을 누리는 점진적, 평화로운 개혁을 주장했다. 자바부 교수는 1936년 발족한 전아프리카회의All-African Convention의 초대 의장을 역임했다. 머슈스 교수는 1950년대 아프리카민족회의African National Congress, ANC 지도부의 요인이었다.

만델라는 첫 해에 영어, 인류학, 정치학, 토착민행정학, 그리고 로마네덜란드법을 공부했다. 토착민행정학은 식민 당국의 토착민 통치와 관련된 법과 행정을 다루는 분야로서 졸업 후 토착민행정부에서 일할 사람들을 위해 필수 과목이었다. 만델라는 토착민행정부의 사무관이나 통역이 되길 희망하여 통역사 양성 과정에도 등록했다. 당시 공무원은 흑인들에게 선망의 대상이었다. 그리고 지방 관서의 통역 직은 지방행정장관magistrate 바로 다음 가는 요직이었다.

신입생 만델라는 학생 민주주의의 선봉에 서기도 했다. 엘리트 학교의 관례인지 사생위원회House Committee는 실제 거주하는 기숙사생이 아닌 상급반 학생들이 장악하고 있었다. 신입생은 위원회에 들지도 못했다. 일종의 학생 권위주의와 같은 분위기였다. 이런 비민주적인 관행을 바로잡기 위해 만델라와 동료들이 뭉쳤다. 기숙사생과 신입생들이 스스로의 위원회를 구성하여 실거주자의 대변자임을 선언했다. 기성 상급반 학생들의 반대에도 불구하고 학교 당국도 이 새 위원회의 존재를 인정하지 않을 수 없었다. 만델라 민주주의의 첫 승리였다.

## 과외 활동

만델라는 학업 외의 활동에도 적극적이었다. 전보다 스포츠에 더 공을 들였다. 키도 커지고 근력도 좋아져서 축구와 장거리 달리기에 좋은 체격이 됐다. 그리고 학생 수가 많지 않아 힐드타운에서보다 경쟁이 덜했다. 특히 장거리 달리기에 심취했다. 타고난 소질보다 훈련이 성적을 좌우하는 종목이어서 근면과 인내를 통해 경쟁자보다 앞설 수 있었다.

대학 극단에도 참여했다. 그리고 기독학생협회에 가입하여 일요일이면 인근 마을 주민에게 성경을 가르쳤다. 이 봉사활동을 함께하며 올리버 탬보Oliver Tambo를 알게 된다. 만델라는 그의 비범함을 바로 알아보았다. 예리한 지성의 소유자로 토론에 뛰어났으며 어떤 일도 적당히 넘어가지 않았다. 장래 큰일을 할 재목이란 느낌이 들었다.

탬보는 훗날 학창시절의 만델라가 성품이 좋아 친구가 많고 동료들 사이에서 존경받는 인물이었으며, 토론할 때는 항상 앞뒤를 가리며 신중했다고 회고했다. 운동을 열심히 하고 특히 장거리 달리기에 뛰어났다고 했다.

만델라는 사교춤ballroom dancing에도 심취했다. 동료들과 학교 식당 홀에서 낡은 축음기를 틀어놓고 폭스트롯fox-trots, 왈츠 등의 정확한 동작을 익히기 위해 열심히 연습했다. 당시 이들의 우상은 영국 출신 사교춤 세계 챔피언 빅터 실베스터Victor Sylvester였다. 교습을 맡은 동료 시운들라Smallie Siwundla의 춤 솜씨도 실베스터에 못지않을 듯했다.

## 예기치 못한 학업 중단

만델라는 2학년이 되어 머지않아 학사Bachelor of Arts, B.A.가 된다는 꿈에 부풀었다. 학사학위는 신분 상승과 경제적 안정을 위한 보증수표와 같았다. 포트 헤어는 아프리카 엘리트의 등용문이었다. 그러나 예상치 못한 일로 만델라의 학업이 중단된다. 학생회Student Representative Council, SRC의 구성을 둘러싼 커Alexander Kerr 학장과의 마찰 때문이었다. 2학년 2학기를 맞으며 만델라는 학생대표 후보로 지명됐다. 재학생 모두가 참여하는 투표를 통해 6명의 대표를 선출하여 SRC를 구성하게 돼 있었다. 그런데 모든 학생들이 빈약한 식단 등 학교 행정에 불만이 많았다. 대다수가 앞으로 SRC가 학교 행정에 보다 많은 발언권을 가져야 한다며, 만약 대학 당국이 이런 요구를 받아들이지 않으면 이번 SRC 선거를 보이콧하겠다고 했다. 만델라도 이에 동조했다.

투표 당일 대다수의 학생들이 선거를 보이콧했다. 그러나 재학생의 1/6에 해당하는 25명이 투표에 참여하여 만델라를 포함한 6명의 대표를 선출했다. 그러나 6명 모두 사의를 밝혔다. 학생 대다수가 투표에 불참한 선거를 인정할 수 없었다. 이런 취지의 서한을 작성하여 커 학장에게 제출했다.

그러나 학장이 묘한 결정을 내린다. 바로 다음날 저녁 식사 시간 식당 홀에서 다시 투표를 실시하겠다고 했다. 모든 학생이 그 자리에 있을 것이므로 선출된 대표는 학생 전체를 대변한다는 명분이 확보된다는 좀 억지스러운 생각이었다. 아무튼 투표는 학장의 뜻대로 진행됐고 이번에도 25명만 투표하고 전날과 같이 6명이 선출됐다.

그러나 여섯 중 다섯의 태도가 어제와 달라졌다. 전교생이 참석한 자리에서 선출됐으니 대표직을 수락하겠다는 것이었다. 그러나 만델라의 견해는 달랐다. 절차상의 형식은 갖추었으나 대다수 학생들의 뜻이 반영되지 않은 결과를 받아들인다는 것은 도덕적으로 옳지 않은 듯했다. 결국 만델라 혼자 사의를 표했다.

이튿날 학장에게 불려갔으나 사의를 뒤집을 순 없었다. 학장은 하루의 빌미를 주며 다시 숙고해 보라고 했다. 만약 사의를 굽히지 않는다면 퇴학을 명할 수밖에 없다고 했다. 그날 밤 그는 잠을 이루지 못했다. 그의 멘토였던 만탄지마와 상의했으나 그도 만델라의 입장에 동정적이었다. 만델라의 마음은 동료 학생들에 대한 신의를 저버릴 수 없다는 쪽으로 굳어졌다.

이렇게 하여 학업을 중단하게 됐다. 선망의 포트 헤어에 진학한 지 2년이 채 지나지 않은 1940년 연말경이었다. 학장은 만델라가 SRC에 합류하기로 생각을 바꾼다면 내년 복학을 허용하겠다고 했다. 이제 학장이 자신의 앞날을 좌우하는 독재자로 보였다. 학생회 대표직을 사양하는 자신을 이렇게 꺾어야 하는가? 학장의 행동을 선의로만 볼 수 없었다.

## 미지의 길

방학이 되어 장원으로 돌아오면 새가 어미의 둥지로 돌아온 듯 푸근한 마음이었다. 그러나 이번엔 달랐다. 종긴타바는 만델라의 처신을 달갑지 않게 생각했다. 세세한 설명을 듣기도 전에 학장의 말대로 바로 다음 학기에 포트 헤어로 돌아가라고 명했다.

몇 주가 흐른 후 종긴타바는 저스티스와 만델라의 혼인을 준비해 두었다고 했다. 연로한 자신이 세상을 떠나기 전 두 젊은이가 가정을 꾸리길 바랐다. 저스티스의 배필로 템부 귀족 할리파Khalipa의 딸을, 만델라에겐 마을 사제의 딸을 신부로 정해 놓았다. 관습에 따라 집안 어른 간 합의가 이루어져 있었다. 저스티스는 아버지의 뜻을 따를 수 없었다. 만델라도 마찬가지였다. 사랑하지 않는 여인을 배필로 맞을 수 없었다. 전통 문화 지킴이였던 종긴타바와 미션스쿨에서 교육받은 젊은이들의 생각은 그렇게 달랐다.

둘이 이 혼사를 피할 방법은 장원을 떠나는 길밖에 없어 보였다. 부닥칠 일에 대한 준비는 없었다. 지금의 상황에 매일 수 없다는 생각이 앞이 보이지 않는 길을 내딛게 했다. 종긴타바가 지역 입법회의Bhunga에 참석하기 위해 1주일 간 장원을 비운 사이 둘은 튼실한 황소 두 마리를 팔아 여비를 마련했다. 요하네스버그로 가기로 했다. 당시 16세 이상의 흑인은 내무성이 발행한 신분증을 소지해야 했다. 거주지를 떠나 여행할 땐 여행증을 발급 받아 경찰이나 고용주에게 제시해야 한다. 어렵사리 인근 읍 지인의 도움을 받아 필요한 서류를 마련했다.

도주 여정은 마치 영화 속 이야기 같았다. 음타타 역에서 열차표를 구할 수 없어 승용차를 대절해서 80킬로나 떨어진 퀸즈타운Queenstown 역까지 갔다. 거기 도착해선 하마터면 관헌에 붙잡힐 뻔했다. 간신히 저스티스의 친구 도움으로 퀸즈타운을 빠져나왔다. 그의 주선으로 요하네스버그까지 가는 이의 차에 편승했다.

# 02

# 요하네스버그

Nelson Rolihlahla Mandela

## 황금의 도시

밤 열시가 다 돼서 요하네스버그Johannesburg에 도착했다. 현란한 불빛이 도시의 밤을 밝히고 있었다. 차를 태워준 부인의 딸 저택에서 하룻밤을 묵기로 했다. 내일부터 그들의 앞에 펼쳐질 일에 가슴이 부풀어 불편한 잠자리도 깃털 침대 같이 느껴졌다.

요하네스버그는 남아프리카에서 가장 산업화된 대도시였다. 1886년 이 지역에서 금광이 발견되며 도시와 근교가 형성됐다. 아프리카인들에게 에골리Egoli, 즉 '황금의 도시City of Gold'로 알려지게 된다. 도심과 인근엔 주로 백인들이 살았고 흑인들의 주거지는 이와는 떨어진 곳에 조성됐다.

만델라와 저스티스가 이튿날 찾아간 곳은 크라운 금광이었다. 도시가 내려다보이는 언덕에 자리 잡은, 이 지역에서 가장 큰 금광이었다. 둘이 도주를 마음먹기 전부터 저스티스는 이곳에서 일하기로 돼 있었다. 힐드타운을 졸업한 후 바로 직장 생활을 시작할 생각이었고, 아버지의 주선으로 여기 일자리가 마련돼 있었다.

금광의 작업 환경은 한눈에 보아도 삭막했다. 먼지 날리는 황량한 땅에 나무 한 그루 없이 사방이 울타리로 둘러져 있었다. 마치 전쟁이 지나간 곳 같았다. 무거운 굴착 기계들이 내는 껄껄한 소음과 멀리서 들리는 다이너마이트 폭발음이 뒤섞였다. 지친 흑인 광부들이 먼지를 뒤집어쓰고 있었다.

금광의 흑인 관리소장 필리소Piliso는 저스티스의 도착을 예상하고 있었다. 저스티스는 만델라를 자신의 동생이라고 소개했다. 관리소장은 저스티스를 사무원으로, 만델라는 임시 경비원으로 채용했다. 흑인에게 금광의 사무직은 선망의 대상이었다. 만델라도 3개월 후 사무직에 임용 가능할 것이라 했다. 종긴타바의 후광이 있어 가능한 일이었다. 금광의 유지에 부족장의 역할이 중요했다. 부족장이 주민들에게 금광 노동을 독려해야 필요한 노동력이 공급될 수 있었다.

이곳 금광은 광부의 저임금으로 유지되는 구조였다. 지하 깊은 곳에서 채취되는 원광의 금 함유량이 낮은 편이었다. 따라서 긴 노동시간과 낮은 임금으로 수익을 낼 수 있었다. 노동조합은 허용되지 않았고 열악한 노동 환경에서 산업 재해도 빈번했다. 흑인 광부들은 가족과 떨어져 광산 구내의 막사에서 집단 거주했다. 저스티스와 만델라는 특별 대우를 받은 셈이다. 둘에게 별도의 급식과 숙소가 무료로 제공됐고 약간의 급여도 지급됐다. 흑인 광부들은 저스티스를 부족의 왕자로 대우했다.

그러나 여기 일자리가 오래갈 수 없었다. 그들이 도주해 왔다는 것이 곧 탄로날 수밖에 없었다. 아니나 다를까 한 달이 채 지나지 않아 종긴타바의 전보가 필리소의 사무실로 날라왔다. 이 둘을 바로 장원으로 돌려보내라는 내용이었다. 크라운 금광에서 쫓겨났으나 장원으로 돌아갈 생각은 없었다. 일자리도 잃고 머물 곳도 없었던 만델라는 요하네스버그에 살고 있던 사촌 음베케니Gaelick Mbekeni를 찾아 도움을 구했다. 행상을 하며 어렵게 살던 이었으나 만델라의 처지에 동정적이었다. 그의 좁은 집에 기거하며 활로를 궁리했다.

## 월터 시술루와의 만남

음베케니는 만델라를 월터 시술루Walter Sisulu에게 소개했다. 시술루는 요하네스버그 중심가에서 시타 투자회사Sitha Investments라는 부동산 중개 사무소를 운영하고 있었다. 템부란드 출신으로서 만델라보다 여섯 살 위였다. 가정환경이 여의치 않아 대학 교육은 받지 못했으나 노력과 열정으로 흑인 사회의 지도자로 부상하고 있었다. 광산과 공장 노동자로 일하면서 임금 인상을 요구하는 파업을 주도했다가 직장을 잃었다. 이후 자영업자로 변신하여 지금에 이르게 된 것이었다.

당시의 만델라에게 시술루는 성공한 사업가로 보였다. 번화한 시내 중심가에 사무실을 차리고 비서까지 둔 젊은 흑인 신사였다. 흑인을 고객으로 한 부동산 중개가 그의 주업이었다. 요하네스버그 근교의 알렉산드라Alexandra나 소피아타운Sophiatown에 흑인들도 소유 가능한 부동산들이 있었다.

시술루는 초면에 만델라의 비범함을 알아보았다. 남다른, 따뜻한 인품이 그에게 깊은 인상을 남긴다. 그가 남아프리카대학교University of South Africa의 통신 교육 과정에 등록하여 법학을 공부할 것이며 변호사가 되길 희망한다는 말을 듣고 이 젊은이를 돕기로 마음먹었다. 그때까지 법률 사무는 백인의 전유물이었다.

시술루는 만델라를 그와 거래하는 법률사무소law firm 위트킨 · 시델스키 · 아이델만Witkin, Sidelsky & Eidelman에 소개했다. 당시 남아프리카에서 변호사가 되기 위해선 대학에서 법학을 공부하고 자격시험에 합격해야 할 뿐만 아니라 상당 기간 변호사 사무실에서 수습 기간을 거쳐야 했다. 시술루의 추천으로 대학 학위를 취득할 때까지 이 회사의 수습 사무원으로 일할 수 있게 됐다.

이 회사 변호사들은 유대계였다. 유대인들은 자신들이 인종차별의 서러움을 겪어서인지 인종, 정치 문제에 있어 비교적 개방적, 전향적인 편이었다. 특히 시델스키 변호사는 아프리카 토착민의 교육을 지원하는 사회사업가이기도 했다. '대중교육mass education'의 중요성에 대한 인식이 남달랐다. 교육 받은 국민은 스스로를 위해 사고하는 능력을 가지므로 억압할 수 없다고 했다. 만델라에게도 장래 변호사로서 성공하여 다른 흑인들에게 용기를 주는 모델이 되라며 격려를 아끼지 않았다.

만델라는 가우어 라데베Gaur Radebe라는 직원과 사무실을 같이 썼다. 만델라보다 열 살 정도 위로 사무원, 통역사, 메신저 일을 맡았으며 영어, 소토Sotho어, 줄루Zulu어에 능통했다. 흑인 사회 발전을 위한 신념과 열정이 남달랐다. 서부토착민구 자문단Advisory Board in the Western Native Township의 일원으로서 당국을 상대로 흑인 주민들의 대변자 역할을 맡고 있었다. 회사 동료들은 잘 모르는 면이었다. 그는 아프리카 민족회의ANC와 공산당에서도 활약했다.

라데베는 대학을 다니진 않았으나 명문 대학의 학위를 가진 이들 못지않은 지성의 소유자였다. 그리고 자신의 신념을 과감하게 행동으로 옮길 수 있는 인물이었다. 만델라는 그를 통해 대학 학위가 장래를 보장해 주진 않으며 지도자가 되기 위해서는 사회 속에서의 헌신이 더 중요함을 배우게 된다.

만델라의 첫 백인 친구가 된 내트 브레그먼Nat Bregman도 이 회사에서 만났다. 같은 또래의 똑똑하고 사려 깊은 젊은이였다. 조금 먼저 입사했을 뿐인데 법과 행정 절차에 밝아 만델라에게 많은 도움이 됐다. 그를 통해 많은 친구가 생겼다. 백인, 아프리카인, 인도인, 그리고 다른 유색인 등과 어울렸다. 내트는 공산당원으로서 만델라에게도 입당을 권유했으나 그는 공산주의 이론을 쉬 받아들일 수 없었다.

만델라는 공산당이 남아프리카의 문제를 계급투쟁으로 보는 시각을 이해하기 어려웠다. 공산주의는 모든 사회적 갈등을 가진 자the Haves가 가지지 못한 자the Have-nots를 억압하는 데서 파생하는 것으로 본다. 그러나 지금 남아프리카의 문제는 백인이 흑인을 차별하는 데 있지 않은가? 그리고 공산주의가 종교를 배척하는 것도 어릴 적부터 기독교 신앙이 몸에 밴 만델라의 체질에 맞지 않았다.

## 알렉산드라

만델라는 도심에서 10킬로 정도 떨어진 근교 알렉산드라Alexandra의 한 가정에 세 들어 살았다. 코사 출신의 코마Xhoma 씨 댁으로 부부와 여섯 자녀들이 사는 베란다와 작은 앞뜰도 있는 아담한 집이었다. 그 뒷마당의 양철 지붕 오두막이 만델라의 거소였다. 맨흙 바닥에 전기나 수도도 들어오지 않았으나 퇴근 후 촛불을 켜고 공부할 수 있는 자신만의 공간이었다.

알렉산드라는 흑인 거주 구역으로 코사Xhosa, 소토Sotho 줄루Zulu 출신들이 섞여 살았다. 안온한 시골 부락과는 달리 삶의 여건이 척박했다. 많은 인구가 밀집해 사는 곳으로 비포장도로를 끼고 허술한 건물들이 촘촘히 들어서 있었다. 화로나 스토브에서 나오는 석탄 연기로 대기가 뿌옇게 가라앉았다. 전기가 들어오지 않아 '암흑의 도시Dark City'로 불렸고 밤이 되면 칼과 권총을 든 갱들이 거리의 주인인 듯했다. 거리 구석구석에 무허가 선술집이 즐비했다.

만델라의 생활은 빈한했다. 월급 8파운드로 모든 것을 해결해야 했다. 교통비와 월세로 각각 1.5 파운드, 또 통신 교육 학비도 내야 했다. 기본 식비를 지출하고 나면 남는 돈이 거의 없었다. 버스비를 아끼기 위해 시내까지 10킬로의 길을 걸어서 오가는 경우가 많았다. 식사는 배고픔을 면하는 데 그쳤고 의복비로는 돈이 돌아갈 수 없었다. 만델라와 키가 비슷했던 시델스키 변호사가 자기가 입던 양복을 수선해서 주어 이 옷을 5년 가까이 거의 매일 입었다.

그에게 힘이 돼준 여인이 있었다. 힐드타운에서 동급생이었던 엘렌 엔카빈데Ellen Nkabinde가 알렉산드라의 한 학교 교사로 일하고 있었다. 두 사람은 이제 이성으로 다시 만나 서로 마음을 의지하며 희망을 나누는 사이가 됐다. 그러나 몇 달 간에 그친 로맨스였다. 엘렌이 다른 곳으로 이사한 후 연락이 끊겼다.

만델라는 이제 다른 사람으로 성장하고 있었다. 자신이 태어나서 자란 곳을 떠나 새로운 환경에서 자신의 삶을 개척할 수 있는 내면의 힘이 생겨나고 있었다. 전엔 자신의 귀족 신분, 아버지의 사회적 지위, 그리고 템부 왕실과의 인연이 앞날을 보장하는 듯했다. 그러나 이젠 그런 모든 것과 상관없는 다른 길이 열리고 있었다. 가난했지만 학업을 계속하며 스스로를 지탱할 수 있는 일자리가 있었고 사회적 진출의 가능성도 열려 있었다.

1941년 말 요하네스버그를 방문한 종긴타바를 만났다. 그를 떠나온 지 2년만이었다. 그는 지난 일을 들추어내지 않았다. 다시 만난 아들을 대하듯 공부와 장래 계획 등에 대해 물었다. 만델라가 가고 있는 길을 막지 않았다. 자신이 생각한 것과는 다른 길이었으나 친어버이와 같은 사랑으로 만델라를 이해하고 포용했다.

만델라는 이듬해 초 이 지역 광산관리사무소Chamber of Mines에서 운영하는 게스트하우스로 숙소를 옮겼다. 이곳은 위트워터즈랜드 노동자협회Witwatersrand Native Labour Association, WNLA를 방문하는 씨족장 등 내객을 위한 시설로 종긴타바도 이곳에서 머물렀다. 사무소장이 만델라를 특별히 배려하여 이곳에 기거할 수 있게 된 것이다.

종긴타바가 요하네스버그를 다녀간 지 반 년이 지나지 않아 세상을 떠났다. 이 소식을 신문을 통해 접했던 탓에 장례식 다음날에야 저스티스와 함께 장원에 도착했다. 만델라는 친아버지와 같이 자신을 보살펴주었던 그의 뜻을 거스른 것이 죽음을 재촉하지 않았을까 하는 죄책감이 일었다. 그러나 그가 눈을 감기 전에 화해할 수 있었던 것이 다행스러웠다.

장원에서 머문 1주일은 자신을 되돌아볼 수 있는 시간이었다. 이곳의 모든 일은 그가 어릴 적과 그리 달라지지 않았다. 그러나 자신은 이제 다른 사람이 돼 있었다. 템부 왕실과의 인연을 자신의 숙명으로 여기지 않게 됐다. 대학을 졸업한 후 공무원이나 통역사가 되겠다는 생각도 사라졌다.

## 아프리카민족회의

1942년 말 졸업시험에 합격하여 그토록 고대했던 학사학위를 취득했다. 이후 아프리카민족회의African National Congress, ANC에 가담하게 된다. 시술루와의 만남, 라데베와의 친교, 그리고 많은 교우 관계를 통해 남아프리카 흑인 사회가 당면한 문제를 다시 보게 되었고 이제 자신도 흑인 해방을 위해 투신하게 됐다.

라데베는 대학 교육을 받진 않았으나 정치 사회 문제에 대해 해박했다. 만델라에게 읽을 만한 책, 만날 만한 사람, 참석할 만한 집회를 권해주었다. 흑인 사회의 발전을 위해 교육이 중요하지만 교육만으로는 자유를 쟁취할 수 없다고 했다. 흑인은 스스로를 계발할 수 있는 교육의 자유도 없고 자원도 턱없이 부족했다.

ANC가 흑인이 자유를 쟁취할 수 있는 엔진engine이라고 했다. ANC는 남아프리카연합Union of South Africa이라는 백인 정권의 출현1910에 대응하여 발족했다. 1912년 출범한 전민족적인 조직으로서 여러 다른 부족 출신의 지도자들이 의장을 번갈아 맡아 정부의 인종차별 정책에 맞서왔다.

흑인의 토지 소유권을 제한하기 위해 1913년 제정된 원주민토지법Natives' Land Act에 항거하는 투쟁을 이끌었다. 1930년대 중 활동이 침체되는 듯했으나 1940년 쿠마A. S. Xuma 박사가 의장직을 맡으며 생기를 되찾았고 조직도 확장됐다. 1930년대 중 1,000명 정도에 그쳤던 회원이 1947에 이르러 5,500명으로 늘어났다.

여성도 동등한 자격으로 조직에 참여할 수 있게 됐고 이어서 ANC 여성연맹이 재조직됐다. 2차 대전 중 대서양헌장Atlantic Charter의 영향을 받아 아프리카인의 민족자결권African self-determination을 주창했다. 남아프리카인도인회의South African Indian Congress와, 그리고 아프리카노동조합African Labour Unions과의 연대도 구축됐다.

만델라는 라데베와 함께 지역자문위원회Township Advisory Board와 ANC의 많은 집회에 참여했다. 지역자문위원회의 모임은 대체로 형식적이고 관료적인 감이 있었으나 ANC 모임은 의회의 동향, 통행증 관련법, 임대료, 버스요금 등 흑인들의 생업과 관련된 중요한 문제를 토의하며 활발했다.

만델라가 ANC 운동에 적극 투신하게 된 계기는 알렉산드라 버스 보이콧이었다. 흑인들의 버스 요금을 4펜스에서 5펜스로 인상하는 데 대한 항의 시위에 참여한 것이다. 만여 명이 참여한 시위행진과 버스 보이콧을 조직하는 데 라데베의 역할이 컸다. 민중의 항의를 이기지 못해 버스 회사는 요금 인상 계획을 철회할 수밖에 없었다. 만델라는 민중의 목소리가 정책의 방향을 바꾸는 현장을 체험했다.

## 위트워터즈랜드

1943년 초 위트워터즈랜드대학University of the Witwatersrand 법학부에 등록했다. 변호사가 되기 위해선 법학사LL.B. 학위가 기본이었다. 보통 '위츠Wits'로 알려진 이 대학은 요하네스버그의 영어를 공용어로 하는 명문교였다. 남아프리카에서 영어로 가르치는 대학은 네덜란드계 아프리칸Afrikaans 대학들과는 달리 흑인의 입학을 허용했으나 법학부에는 만델라가 유일한 흑인 학생이었다.

이렇게 비교적 개방적인 위츠에서도 인종에 대한 편견으로부터 자유롭진 못했다. 심지어 변호사는 여성과 아프리카인이 감당할 수 있는 직종이 아니라는 교수도 있었다. 그러나 만델라는 이 대학에서 그와 평생을 함께 할 여러 동지를 만나게 된다. 첫 학기에 조 슬로보Joe Slovo와 장래 그의 아내가 되는 루스 퍼스트Ruth First를 만났다. 두 사람 다 유대계였다.

조지 비조스George Bizos와 브램 피셔Bram Fischer와의 우의도 이 대학에서 싹텄다. 비조스는 그리스에서 이민 온 집안 출신의 따뜻한 성품과 날카로운 통찰력을 겸비한 이었다. 피숴은 네덜란드계 명문가의 자손으로 할아버지가 오린지 강 식민지Orange River Colony의 수상이었으며, 아버지는 오린지 자유주Orange Free State의 대법원장이었다. 자신도 남아프리카의 수상에 오를 수 있는 기회를 마다하고 흑인 해방을 위해 헌신한 인물이었다.

이스마일 미어Ismail Meer, 싱J. N. Singh, 아메드 불라Ahmed Bhoola, 람랄 불리아Ramlal Bhoolia 등 여러 인도계 동료들과도 친교를 나누었다. 시내 중심가에 있는 이스마일 미어의 아파트가 만델라를 포함한 이들 서클의 아지트였다. 이 집에서 함께 공부하고 밤새워 토론하며 젊은 날의 열정을 나누었다.

한번은 이런 일도 있었다. 만델라와 미어, 싱 등 셋이 인도인은 허용되었으나 흑인은 금지된 전차를 타게 됐다. 차장이 만델라를 가리키며 저 '검둥이 친구kaffir friend'는 탈 수 없다고 하자 미어와 싱이 이 모욕적

언사에 대해 항의했다. 차장은 전차를 세우고 경찰을 불러 셋이 이튿날 법정에 서게 됐다. 브램 피숴의 연줄이 있어 풀려날 수 있었다.

위츠는 만델라에게 새로운 세계를 향한 창을 열어 주었다. 젊은이들의 정치적 열정이 캠퍼스를 달구었다. 남아프리카의 미래를 향한 새로운 사상, 새로운 운동이 여기서도 싹트고 있었다. 만델라와 이곳에서 만난 동지들이 향후 수십 년간에 걸친 자유를 위한 투쟁의 전위부대를 이룬다.

## 청년연맹

이제 자신이 해야 할 일이 분명해 지고 있었다. 전엔 명문 대학을 졸업하여 공무원으로 입신할 생각이었다. 부족의 전통을 잇는 귀족의 삶이 예정돼 있었다. 그러나 요하네스버그는 그의 의식세계를 바꾸어 놓았다. 이곳에서의 학업과 직장생활, 교우관계는 그의 정치의식을 일깨웠다. 아프리카인이 매일, 어디서나 당하고 있는 불의를 보고만 있을 수 없었다. 흑인을 질곡으로 몰아넣은 제도는 날로 가혹해지고 있지 않은가?

1913년 토지법The Land Act이 생겨 흑인은 경작하던 농토의 87%를 잃게 된다. 이후의 도시구역법The Urban Areas Act으로 대도시 주변의 흑인 빈민촌slum이 생겨났다. 여기서 백인들을 위한 값싼 노동력이 공급됐다. 토착민에겐 선거권이 주어지지 않았고 사회 진출의 길도 막혀 있었다. 1926년 제정된 인종차별법The Color Bar Act으로 흑인들은 숙련노동에 종사할 수 없었다. 이듬해의 토착민행정법The Native Administration Act에 의해 남아프리카는 대영제국의 권역으로 편입됐다.

2차 대전 중 루즈벨트 대통령과 처칠 수상이 서명한 대서양헌장The Atlantic Charter은 아프리카인들에게도 희망의 등불이었다. 그러나 그 등불은 너무 먼 곳에 있었다. 강대국 지도자들의 인권과 민주주의를 옹호하는 선언이 아프리카의 흑인에게 자유와 존엄을 가져다주진 못했다. 아프리카인 자신들이 민족주의의 기치를 들어야 했다. ANC가 1912년 발족했으나 세력을 그리 넓히지 못했다. 쿠마 박사가 의장으로 취임한 후 조직이 다소 정비되었으나 그 활동노선은 점진적인 개혁을 지향했다. 그러나 식민 당국의 흑인 소외 정책이 날로 노골화하며 ANC 내에서도 이제 온건한 방식만으로는 문제를 풀어나갈 수 없다는 목소리가 높아지고 있었다.

안톤 렘베데Anton Lembede가 '행동하는 민족주의'의 선봉에 섰다. 당시로서는 매우 드문 흑인 변호사로서 나름대로의 민족주의론을 설파했다: "흑인들은 우선 열등의식에서 벗어나야 한다 ... 나의 피부색은 아름답다 … 아프리카의 짙은 대지와 같이 …" 스스로의 앞날을 열어 갈 수 있다는 자부심을 가질 때 불의에 저항하는 행동이 가능할 것임을 강조했다.

만델라는 렘베데를 당시 ANC 젊은이들의 아지트였던 시술루의 집에서 만났다. 여기 모였던 젊은 지사志士들을 중심으로 ANC 청년연맹이 발족했다. 쿠마 의장은 청년연맹의 조직을 그리 반기지 않았으나 젊은이들의 뜻을 꺾을 순 없었다. ANC 청년연맹이 1944년 부활절 일요일 첫발을 내디디며 식민지 당국에 대한 저항의 새로운 막이 오른다. 렘베데가 의장으로 선출되고 탬보가 사무국장, 시술루는 재무국장을 맡기로 했다. 만델라는 집행위원회의 일원이 됐다. 각 지방에 연맹의 지부가 속속 결성되었다.

연맹의 강령은 1912년 창립 당시의 ANC와 크게 다르지 않았다. 아프리카 민족주의를 근간으로 백인우월주의의 극복과 보편적 민주주의의 건설을 표방했다. 한편 ANC 조직이 강화되지 못했고 지도부가 민중과 함께 호흡하지 못했음을 지적했다. 이제 억압에 시달리고 있는 민중의 해방을 위해 일어서야 한다고 했다. 흑인의 기본권을 되찾기 위한 투쟁을 선언했다. 12세부터 40세까지의 모든 아프리카인 남녀에게 문호를 개방하고 17세 이상의 회원은 자동적으로 ANC에 등록되도록 했다. 렘베데는 아프리카 순혈주의를 주장했다. ANC가 백인이나 인도계를 제외한 아프리카인들만의 조직이 돼야 한다는 것이었다. 이런 시각에 대해 반론도 없지 않았다. 인종에 구애되지 않고 조직의 목적에 기여할 수 있는 이들은 광범위하게 받아들여야 한다는 견해도 유력했다.

만델라는 인도계 등 다른 유색인은 몰라도 백인의 참여는 바람직하지 않을 것으로 생각했다. 그러나 자신의 견해를 체계적으로 개진할 수 있는 정도는 아니었다. 아직 학업과 직장 일에 몰두하고 있었고 렘베데, 시술루, 탬보에 비하면 자신은 정치적으로 초년생이라는 느낌이었다.

만델라를 포함하여 ANC 청년연맹에 참여한 대부분이 공산주의를 경계했다. 아프리카의 실정에는 맞지 않는 외래의 이념이라는 생각이 지배적이었다. 사실 남아프리카공산당Communist Party of South Africa, CPSA은 백인들이 장악하고 있었고 아프리카인의 진취적 기상을 진작하는 데 도움이 되지 않을 것으로 보았다.

## 결혼

시술루는 젊은 만델라의 의식세계 형성에 지대한 영향을 주었다.

만델라는 그의 가족과 한 식구처럼 지내며 에블린Evelyn Mase을 만나게 된다. 그녀는 시술루의 질녀로 고향에서 중학교를 마친 후 요하네스버그에서 고등학교를 다니고 지금은 시술루의 아내 알베르티나Albertina와 함께 간호사 수습생이었다. 아기 때 광부였던 아버지가 세상을 떠나고 열두 살 때 어머니마저 여읜 그녀를 시술루 내외가 친딸처럼 보살폈다. 그녀의 오빠 샘Sam Mase도 시술루 댁에 기거하고 있었다.

만델라는 첫눈에 아름답고 차분한 그녀에게 끌렸다. 그녀에게도 만델라는 특별한 남자였다. 두 사람은 이내 사랑에 빠져 몇 달이 지나지 않아 결혼했다. 1944년 가을이었다. 전통적 결혼식이나 파티를 열 형편이 되지 않아 요하네스버그 법원에서 간소한 의식을 거쳐 부부가 됐다. 둘만의 집을 마련할 수 없던 터에 올란도Orlando East의 에블린 오빠 집에 신혼방을 차렸다.

만델라 부부는 1946년 자그마한 주택을 구해 이사했다. 나중에 소웨토SOWETO, South-Western Townships로 알려지는 흑인 거주 지역에 정부가 지은 공공임대주택이었다. 만델라가 처음 가져보는 자기 집이었다. 협소하고 전기도 들어오지 않았으나 이제 친척과 손님을 맞을 수 있는 공간을 갖게 됐다.

이런 주택을 시에서 배정받을 수 있게 된 것은 그해에 첫 아들 템비Thembi, Madiba Thembekile가 태어나 식구가 불어난 때문이었다. 자신의 씨족 이름 마디바Madiba를 물려줄 아들을 낳고 자기 집도 가지게 된 이때가 만델라가 드물게 가정생활의 행복을 누린 시기였다.

만델라는 부지런하며 가정적인 남편이었다. 직접 식품을 쇼핑하고 때때로 요리도 떠맡아 하며 아들이 잠들기 전 책을 읽어주는 자상한 아버지였다. 학창시절부터 몸에 베인 습관으로 매일 새벽 일찍 일어나 조깅하고 복싱 클럽에서 규칙적으로 운동했다.

만델라의 누이 리비Leabie도 여기 와 살았다. 시골에서 초등학교를 마치고 올라와 이곳에서 고등학교를 다녔다. 얼마 후 어머니도 함께 머물며 며느리의 성품을 아주 마음에 들어 했다. 에블린은 훗날 집안이 항상 친척과 친지로 붐볐다고 회상한다.

## 투쟁의 기수가 되다

1946년 8월 광산노동조합African Mine Workers Union, AMWU이 열악한 노동 조건에 시달리는 광부들의 임금 인상, 가족 주거 마련, 연 2주간의 유급휴가를 요구하며 파업에 돌입했다. 남아프리카의 약 40만 광부 대부분의 임금은 일당 2실링에 불과한 수준이었다.

광부 7 만여 명이 참여하여 1주일 간 계속된 남아프리카 역사상 가장 큰 규모의 파업이었다. 노조의 조직력과 통솔력이 그런 참여를 이끌어냈다. 만델라도 노조 지도자들과 함께 파업 현장을 돌며 광부들을 격려했다.

정부의 대응은 무자비했다. 경찰은 파업장을 포위하고 노조 지도자들을 체포했다. 시위 행진을 진압하는 가운데 12명의 광부가 사망했다. 마크스J. B. Marks 광산노조위원장을 비롯한 지도자들과 파업 광부들 중 52명이 체포되어 폭동 선동죄로 기소됐다.

같은 해에 스무츠Smuts 정부는 아시아인 토지 보유법Asiatic Land Tenure Act을 제정했다. 인도인들의 주거 및 활동 구역과 토지 구입을 제한하는 내용이었다. 당연히 인도인들의 반발을 불러왔고 조직화된 저항 운동은 2년 간 지속됐다. 상인, 가정주부, 학생, 근로자, 의사, 변호사 등 각계각층이 일손을 놓고 참여했다. 군중집회가 열리고 백인들만 살도록 하겠다는 땅을 점령하고 피켓을 꽂았다. 지도자와 참여자 중 2천여 명이 체포되어 구금됐다. 트란스발 인도인 회의Transvaal Indian Congress 의장 다두 박사Dr. Dadoo와 나탈 인도인 회의Natal Indian Congress 의장 내이커 박사Dr. Naiker에겐 6개월의 강제노동형이 선고됐다.

이 투쟁에서 인도인들이 보여준 조직력과 헌신은 흑인 사회에 깊은 감명을 주었다. 인종분리정책에 대한 이와 같은 저항은 과거 ANC

가 시도해보지 못한 것이었다. 만델라와 가까이 지내던 이스마일 미어Ismail Meer와 싱J. N. Singh은 학업을 중단하고 가족과 고별하며 감옥으로 갔다. 아직도 고등학생이던 아메드 카트라다Ahmed Kathrada도 같은 길을 택했다. 인도인 저항운동의 기록은 1913년 마하트마 간디Mahatma Gandhi가 이끈 비폭력투쟁으로 거슬러 올라간다. 그러나 지금의 항쟁은 바로 만델라의 친구, 선후배들이 앞장서고 있었다.

인도인들과 같은 투쟁이 ANC 청년연맹에게도 필요한 것이 아닐까? 자유를 쟁취하기 위한 투쟁은 회의, 연설, 결의안 등으로만 되지 않는다. 치밀한 조직, 과감한 집단행동, 그리고 무엇보다도 희생정신이 있어야 하지 않겠는가? 이런 생각을 가진 것은 만델라뿐만이 아니었다.

1947년 7월 렘베데가 갑자기 세상을 떠났다. 만델라와 이야기를 나누다가 심한 복통과 오한을 호소하여 바로 병원으로 옮겼으나 그날 밤 숨을 거두었다. 병의 원인도 채 밝히지 못했다. ANC 청년연맹이 정신적인 지주를 잃었다. 시술루는 망연자실했다. 연맹 운동의 이론적 기반을 제공하며 회원 확보에 진력했던 그의 자리를 누가 메울 수 있을 것인가?

음다Peter Mda가 새 회장이 됐다. 렘베데가 아프리카 순혈주의를 강조한 데 비하면 음다는 백인과 인도계와의 협력도 수용할 수 있다는 유연한 견해였다. ANC의 목적을 이루기 위해 여러 다른 세력과 연대하여 백인 정권을 압박한다는 전략이었다. 무엇보다도 청년연맹이 ANC 운동의 새 시대를 여는 기수가 돼야 한다고 믿었다.

만델라는 그해에 트란스발Transvaal ANC 집행위원으로 선출됐다. 그리고 청년연맹의 사무국장 자리를 맡았다. 이제 그의 하루하루 생활이 ANC와 떼놓을 수 없게 됐다. 연맹의 일과를 챙기며 운동의 전국적 확산을 위해 진력했다. 모교인 포트 헤어Fort Hare에도 연맹의 지부가 조직되어 새로운 피가 수혈될 수 있게 됐다. 매슈스Matthews 교수의 아들인 조Joe와 로버트 소부퀘Robert Sobukwe와 같은 출중한 젊은이들이 합류했다.

# 03

# 아파르트헤이트

Nelson Rolihlahla Mandela

## 역사의 분수령

1948년 5월 총선은 남아프리카 역사의 분수령이었다. 근소한 차로 승리한 국민당The National Party이 집권하며 이 나라를 소용돌이 속으로 몰아넣는다. 아파르트헤이트Apartheid 정책을 밀어붙이자 흑백 갈등이 최고조에 달했다. 아파르트헤이트는 영어로는 separateness, 즉 '분리'의 의미로 남아프리카에 살고 있는 여러 인종 집단을 각기 다른 운명공동체로 설정하는 국가관이자 정책강령이었다. 백인 중심의 역사관을 바탕으로 백인이 나라의 영원한 주인으로 군림하는 체제를 구상했다. 흑인은 이 체제를 떠받쳐야 할 부수적인 존재에 불과했다.

이런 국가관의 근저에 아프리카너 민족주의Afrikaner nationalism가 있었다. 네덜란드계가 주축이 된 이민들은 자신을 '아프리카너Afrikaner'라고 하고 네덜란드어에서 파생한 자신들의 언어를 '아프리카안Afrikaans'이라고 한다. 이들은 같은 유럽 출신이지만 자신과 영국계 이민을 구분한다. 보어전쟁Boer War, 1899~1902에서 영국에 패배한 기억이 이런 배타적 선민의식의 저변에 깔려있었다. 한편 흑인 사회의 성장을 경계하는 심리와도 뒤섞여서 무리한 인종분리정책, 즉 아파르트헤이트를 낳았다.

2차 대전 후의 첫 선거에서 연합국 편에 섰던 통합당The United Party 정부가 물러나고 친나치 노선을 표방했던 국민당이 집권한 것은 역설적이기도 했다. "백인이 나라의 영원한 주인이 돼야 한다"는 구호가 백인 유권자들에게 통했던 것일까?

국민당 대표로서 총리에 취임한 말란Daniel Malan은 곧바로 아파르트헤이트 정책을 밀어붙였다. 취임 이듬해에 혼혈혼인금지법The Prohobition of Mixed Marriages Act을 제정했고, 부도덕법The Immorality Act이 그 뒤를 이었다. 백인과 유색인 간의 결혼과 성관계를 불법화한 것이었다.

인구등록법The Population Registration Act은 국민 한 사람 한 사람이 어떤 인종 집단에 속해 있는지를 정하도록 했다. 즉 피부색이 개인 정체성의 기준이 됐다. 그리고 집단지역법The Group Areas Act으로 각 인종 집단이 거주할 수 있는 지역을 제한했다. 흑인은 이를테면 소피아타운이나 알렉산드라 등 정해진 지역에서만 주택을 구할 수 있었다.

이런 인종분리정책은 흑인 도시 인구의 증가에 대한 우려에서 비롯됐다. 금광 개발을 중심으로 남아프리카의 산업화가 진전됨에 따라 많은 흑인 노동력이 도시 지역으로 진출했고 이와 더불어 상업과 사무직에 종사하는 흑인들도 늘어났다. 언젠가 흑인의 수적 우세를 백인 사회가 감당하기 어려우리라는 두려움이 생겼다.

흑인의 도시 이주를 제한하며 이들을 철저히 통제할 수 있는 구도를 다지고자 했다. 이런 구상은 흑인 노동력이 필요한 백인 농장주들의 이해관계와도 맞아떨어졌다. 문제는 흑인을 자신과 같은 사람으로 여기지 않은 데 있었다. 아프리카너 백인은 남아프리카의 주인으로 선택된 민족이며 흑인은 '값싼 노동력'에 불과하다는 사고가 토착민을 억압하는 악법들을 낳았다.

## ANC의 변신

ANC 청년연맹의 젊은 지사들을 중심으로 이제 조직이 흑인 해방을 위해 '행동'에 나서야 한다는 목소리가 높아졌다. 백인 정권의 불의에 정면으로 맞서야 했다. 기성 지도부의 '젊잖은' 방식으로는 말란 정부의 횡포를 막을 길이 없었다. 청년연맹의 음다Mda 의장을 주축으로 새로운 정책강령이 마련됐다. 아프리카 민족주의의 기치를 들고 스스로의 힘으로 자유를 쟁취하자고 했다. 흑백 간의 토지 재분배를 주장했다. 직업 선택에서의 인종 장벽 철폐와 전 국민을 위한 무상 의무교육을 요구했다.

청년연맹의 민족주의는 남아프리카가 다민족국가임을 전제했다.

흑인 토착민뿐만 아니라 백인, 인도계 이민의 후손, 그리고 혼혈 유색 인종이 공존하는 미래 사회를 전망했다. 한편 공산주의의 계급투쟁론을 경계했다. 지금 남아프리카가 풀어야 할 것은 흑백 간의 문제이지 계급 간의 문제가 아니었다.

만델라는 월터 시술루, 올리버 탬보와 함께 소피아타운에 있는 쿠마 의장 댁을 찾았다. 이제 ANC가 새 정권의 억압에 맞서 적극적으로 나서야 할 때임을 간언했다. 간디Gandhi의 방식과 같은 대중과 함께 하는 비폭력 저항을 건의했다. 합법적 방식만으로는 목적을 이룰 수 없으므로 감옥도 갈 수 있다는 각오로 투쟁하겠다고 했다. 보이콧, 파업, 비폭력 저항, 대중 시위 등의 수단을 동원하겠다는 행동강령을 제시했다.

쿠마 의장은 매우 보수적인 지도자였다. 젊은이들의 섣부른 행동이 정부가 ANC를 분쇄할 수 있는 명분을 줄 것으로 우려했다. 언젠가는 ANC가 적극적인 행동에 나서야겠지만 지금은 때가 아니라고 했다. 현상을 유지하며 상황을 관망해 보자는 태도였다. 젊은이들에게는 현직 의사로서 누리는 부와 지위를 희생하고 싶지 않다는 것으로 들렸다. 젊은이들은 물러서지 않았다. 제시한 행동 강령을 수용하는 조건으로 ANC 차기 의장직 재선을 지지할 것이라 했다. 쿠마 의장은 이를 무례한 협박으로 여겼다. 대화가 이어질 수 없었다.

1949년 12월 블룸폰텐Bloemfontein에서 열린 ANC 연차 총회에서 쿠마 의장이 재선되지 못하고 청년연맹의 젊은이들이 모셔온 모로카 박사Dr. J. S. Moroka가 신임 의장으로 선출됐다. 모로카 박사는 에든버러와 비엔나에서 공부한 의사로서 ANC에서 활동한 경력은 없었으나 청년들의 열정을 이해하고 지지했다. 월터 시술루가 사무국장secretary-general 직을 맡고 올리버 탬보는 전국집행위원으로 선임됐다. 청년연맹 출신의 지사들이 ANC의 요직에 진출하며 지도부가 새로운 진용을 갖추게 됐다.

블룸폰텐 총회는 흑인의 시민권 쟁취를 위해 보이콧, 파업, 불복종, 비협조 등의 수단을 동원할 수 있다는 새로운 행동강령Program of Action을 승인했다. 아울러 말란 정부의 인종차별 정책에 항의하는 '전국 1일 파업' 안을 의결했다. '온건한 반대'로 일관한 구세대의 ANC 지도부가 물러나고 '저항과 행동'의 장이 펼쳐진다.

만델라는 이런 획기적인 변화의 현장에 함께 할 수 없었다. 이제 법학사가 되어 새 법률사무소에 근무하고 있었다. 블룸폰텐 총회 참석을 위해서는 이틀간 사무실을 비워야 했고 회사는 이를 허용하지 않았다.

## 자유의 날

ANC, 공산당, 남아프리카 인도인총회South Africa Indian Congress, SAIC, 아프리카국민기구African People's Organization, APO가 공동으로 1950년 근로자의 날May Day을 기하여 통행증법The Pass Laws 등 일체의 인종차별법의 폐지를 요구하는 1일 총파업에 돌입하기로 의결했다. 만델라는 인도계 혹은 공산주의자들과의 연대를 경계하는 편이었다. 흑인의 자유와 시민권 쟁취를 위한 운동은 흑인 중심의 ANC가 주도해야 한다는 생각이었다. 경제 형편, 교육 수준과 조직력이 흑인보다 나은 인도계, 그리고 백인들이 주도권을 가진 공산당과의 협력은 아프리카 민족주의를 약화시킬 수 있을 것으로 보았다. 자칫 ANC가 이들의 그늘에 가려질지도 우려했다.

이번 1일 총파업 결의도 공산당과 인도계의 이니셔티브에 의한 것이었다. 아무튼 정부의 금지에도 불구하고 전국적으로 2/3 이상의 흑인 노동자들이 파업에 참여했다. 근로자의 날 집회와 시위도 열렸다. 그러나 말란 정부의 대응은 단호하고 잔혹했다. 기병 경찰이 시위 군중의 강제 해산에 동원되고 무차별 총격이 가해졌다. 요하네스버그 근교 오를란도에서만 18명의 흑인이 총격으로 사망했다.

말란 정부는 어떤 형태의 저항이든 두고 보지 않겠다는 태도였다.

몇 주 후 제정된 공산주의금지법은 정부의 정책에 항거하는 일체의 조직과 집회를 불법화했다. "혼란과 무질서를 조장하여 정치, 사회, 경제, 산업 질서의 변화를 도모하고자 하는 모든 사상과 행동"을 범죄로 규정하였으니 입법의 목표는 공산주의를 억압하는 데 그치지 않았다. ANC, SAIC, APO의 대표들이 모여 대책을 논의했다. 이제 인종차별에 반대하는 모든 단체들이 연대하여 정부에 맞서야 한다는 데 뜻을 모았다. 흑인뿐만 아니라 인도계든, 공산주의자든 모두가 단합된 힘을 보여줘야 할 때였다. ANC는 1950년 6월 26일을 '전국적 항거의 날'로 정하고 무고한 18명의 죽음과 공산주의금지법에 항의하는 근로 거부 운동을 펴기로 했다. SAIC와 APO의 지원도 확보해두었다. 이를 준비하는 데 만델라가 일선에서 뛰었다. 그는 그해 초 ANC 전국집행위원회National Executive Committee의 일원으로 선임됐었다. 사무국장 월터 시술루가 각 지방 지도자들과의 회합을 위해 출타 중인 동안 그의 자리를 지키며 전국 지부의 활동을 격려하고 조정했다.

ANC가 처음으로 전국적 규모의 정치적 파업을 주도했다. 만델라가 조직의 운동에 본격적으로 투신한 것도 이때가 처음이었다. 파업을 통해 ANC는 그 잠재력을 보여주었다. 여러 대도시에서 대부분의 흑인들이 출근을 거부했다. 흑인이 운영하는 상점들도 문을 열지 않았다. 트란스발Transvaal 지역의 베탈Bethal에서는 5천여 명의 흑인이 시위에 참가하여 전국 주요 신문의 머리기사로 보도됐다. 이날의 파업은 흑인해방운동의 한 이정표가 됐다. 오늘날까지 6월 26일을 '자유의 날Freedom Day'로 기념한다.

파업 당일 한낮 만델라의 둘째 아들 마카토 레와니카Makgatho Lewanika가 태어났다. 마카토는 ANC 제2대 의장으로 1917년에서 1924년까지 봉직한 지도자의 이름에서, 레와니카는 저명한 잠비아 부족장의 이름에서 유래했다.

## 6대 악법

광범한 항거에도 불구하고 말란 정부는 멈추지 않았다. 아파르트헤이트 악법을 속속 제정했다. 1950년 제정된 인구등록법The Population Registration Act과 집단지역법The Group Areas Act이 인종 분리의 기본 틀을 마련했다. 인구등록법은 국민 한 사람 한 사람을 피부색에 따라 분류하여 그가 종사할 수 있는 직업이나 거주할 수 있는 지역을 제한했다. 피부색이 개인 정체성의 기준이 됐다. 그런데 그걸 정하는 일이 그렇게 간단하지 않았다. 정부가 정한 표준에 따라 흑인, 백인, 인도계, 혼혈유색인 등을 가림에 따라 때로는 한 가족임에도 다른 인종으로 분류되는 웃지 못 할 일이 벌어졌다. 곱슬머리인지 입술이 어느 정도 두툼한지 등의 잣대를 적용한 까닭이었다.

집단지역법은 흑·백인의 거주 지역을 엄격히 분리했다. 각 인종 집단은 정해진 지역에서만 부동산을 소유 혹은 임대할 수 있고 상업 활동에 종사할 수 있게 했다. 흑인들은 흑인 지역에서, 인도계는 인도인 지역에서, 혼혈유색인은 또 그들의 지역에서만 거주할 수 있었다. 정부가 일정 지역을 백인 지역으로 정하는 경우 살고 있던 흑인이 강제이주 당할 수 있었다.

사실 그런 일이 벌어졌다. 소피아타운Sophiatown의 경우가 흑인들에게 아픈 기억을 남긴 사례였다. 이 지역은 요하네스버그 근교의, 오랜 세월 흑인 커뮤니티community가 형성되어 약 5만 인구가 정을 붙인 곳이었다. 그럼에도 불구하고, 혹은 그 때문인지, 정부는 이 지역을 백인 거주 지역으로 조성하겠다며 흑인들의 강제 이주를 밀어붙인다.

이듬해엔 투표자분리대의법The Separate Representation of Voters Act이 통과됐다. 이는 케이프Cape 지방의 혼혈유색인들이 한 세기 동안 행사해 온 투표권을 제한하는 내용이었다. 이어서 제정된 반투행정법Banthu Administration Act은 흑인대의원회The Natives Representative Council를 폐지하고 정부가 부족장을 임명하게 했다. 간접적이나마 전국적으로 흑인의 목소리를 대변할 수 있는 대의 기구를 없애고 그 대신 부족장에게 정부의 하부 기관으로의 역할을 부여함으로써 비교적 보수적인 지방 지도자들의 협조를 이끌어내고자 했다.

이 같은 악법들은 흑인, 인도계, 혼혈유색인, 공산주의자들을 단합케 했다. 공동위원회를 구성하여 전국적 저항 운동을 펼치기로 했다. 우선 ANC 총회는 집단지역법, 투표자분리대의법, 반투행정법, 통행증법, 공산주의금지법, 가축제한법Stock Limitation Laws 등 6대 악법을 1952년 2월 29일까지 폐지할 것을 요구하는 결의안을 채택했다. 그리고 공동위원회는 악법거부운동의 첫 단계로 4월 6일 대규모 시위집회를 열기로 했다. 이날은 네덜란드인 얀 반 리베크Jan Van Riebeeck가 1652년 케이프에 처음 도착한 것을 기념하는 날로 정부에서는 그 300주년 기념행사를 준비하고 있었다. 물론 흑인들이 반길 수 없는 일이었다.

ANC는 모로카 의장 명의의 말란 총리 앞 서한을 통해 이 결의의 내용을 전달했다. 그러나 총리실의 대응은 완고했다. 백인 공동체는 스스로의 정체성을 보존할 고유한 권한을 가진다고 했다. 정부의 정책에 항거하며 사회 혼란을 조장하는 행동에 대해서는 모든 공권력을 사용하는 데 주저하지 않을 것이라 했다. 흑인 사회에 대한 선전포고와 같았다.

ANC는 시민불복종 운동을 위한 준비에 착수했다. 자원봉사자를 모집하고 훈련하는 작업이 성공 여부를 가릴 관건이었다. 4월 6일 요하네스버그, 프리토리아Pretoria, 포트엘리자베드Port Elizabeth, 더반Durban, 케이프타운Cape Town 등지에서 시위집회를 열었다. 만델라는 이날 수백 명의 봉제노동조합원을 상대로 자원봉사자 모집에 나섰다.

5월 말일 ANC와 SAIC 집행위원들이 회동하여 '자유의 날' 1주년 기념일인 6월 26일 거국적 저항 운동Defiance Campaign을 개시하기로 했다. 이를 지휘할 전국적 행동위원회National Action Committee와 자원봉사자를 모집하고 훈련할 자원봉사위원회National Volunteer Board를 구성했다. ANC 청년연맹 의장인 만델라는 이 두 위원회의 의장 겸 자원봉사대장national volunteer-in-chief으로 임명됐다. 운동을 조직하고 전국 지부와 자원봉사대의 활동을 조정, 통합하며 자금을 모금하는 막중한 임무를 지게 됐다.

## 비폭력 저항

간디Gandhi의 비폭력주의를 어떻게 받아들일 것인지에 대한 논의가 있었다. 마하트마 간디의 아들로서 인디언 오피니언Indian Opinion 지의 편집장인 마닐랄 간디Manilal Gandhi와 같은 이는 비폭력이 다른 어떤 수

단보다 윤리적으로 우월하므로 이를 '원칙'으로 삼아야 한다고 주장했다.

한편 비폭력을 원칙으로서보다 전술로 원용할 수 있다는 견해도 유력했다. 정부는 막강한 물리력을 동원할 수 있으므로 폭력으로 대항하는 것은 자멸을 자초한다. 따라서 비폭력은 선택이 아니라 필수이다. 그러나 비폭력의 수단으로 목적을 이룰 수 없다면 다른 전술을 강구할 수도 있다는 논리였다.

ANC는 비폭력 비협조 운동을 무한 전개하기로 했다. 월터 시술루가 제의한 바와 같이 첫 단계는 우선 소수의 훈련된 자원봉사자 그룹이 지정된 도시 곳곳에서 인종 분리 법규를 무시한다. 이를 테면 백인 전용 화장실, 객차, 대합실, 우체국 입구 등을 이용한다. 혹은 통행금지 시간을 어기고 시내를 거닌다. 그룹 리더는 사전에 이런 불복종 행위를 경찰에 알려 큰 소동 없이 체포되도록 유도한다. 그 다음 단계에선 파업 등의 보다 적극적인 민중 저항에 돌입키로 했다.

6월 22일을 '자원봉사자의 날The Day of the Volunteers'로 정하고 예비 집회를 열었다. 나탈 ANC 의장인 루툴리 족장Chief Luthuli과 나탈 인도인 회의Natal Indian Congress 의장 나이커 박사Dr. Naicker가 격려의 연설을 했다. 만델라가 이날의 주연설자였다. 만 명의 군중이 운집한 가운데 ANC 신세대 지도자의 한 사람으로 등장했다.

그는 이날의 역사적인 의미를 강조했다. 억압에 시달리는 아프리카 민중이 스스로의 힘으로 자유를 쟁취하기 위해 나서는 첫걸음이라고 했다. 그리고 궁극의 목적을 이루기 위한 흑인, 인도계, 혼혈 유색인의 단합을 역설했다.

6월 26일 전국 곳곳의 참여자들이 치밀한 계획에 따라 움직였다. 포트엘리자베드 역사驛舍에선 아침 일찍 33인의 행동대원이 백인 전용 입구로 들어가며 체포됐다. 그들은 '자유의 노래'를 부르며 친구들과 가족들이 환호하는 가운데 연행됐다.

트란스발 자원봉사대 그룹은 정오경 요하네스버그 근교의 백인 거주 지역으로 허가 없이 진입했다. 트란스발 인도인회의 나나 시타 Nana Sita 의장이 앞장섰다. 연로한 나이에 관절염으로 불편한 몸을 이끌고 감옥행이 예정된 행동을 마다하지 않았다.

그날 저녁 만델라는 시내에서 올리버 탬보, 유수프 카찰리아Yusuf Cachalia 등 행동위원회 지도자들과 함께 당일 일어난 일과 앞으로 며칠간의 계획을 점검하고 있었다. 자정이 다 돼서 회의를 마치고 나오며 경찰의 검문을 받고 체포됐다. 이건 예정에 없던 일이었다. 이들은 경찰의 체포를 유도할 행동대원이 아니라 운동을 지휘할 간부들이었다.

그러나 어쩔 수 없었다. 경찰 트럭에 오르니 먼저 체포된 50여 명의 자원봉사자들이 타고 있었다. 이들의 사기는 하늘을 찌를 듯했다. 연행돼 가면서도 '하느님 아프리카를 축복하소서God Bless Africa'를 부르는 합성이 트럭을 흔들었다. 이들과 함께 마샬광장Marshall Square으로 불리던 붉은 벽돌 경찰청사에서 이틀 밤을 보내야 했다.

첫날 하루 동안 전국적으로 250여 명의 자원봉사자들이 체포됐다. 이후 5개월에 걸친 캠페인에 8,500명이 참여했다. 학생, 교사, 근로자, 변호사, 의사 등 각계각층이 호응했다. 초기에는 위트워터즈랜드Witwatersrand, 더반Durban, 포트엘리자베드Port Elizabeth, 이스트런던East London, 케이프타운Cape Town 등 도시 지역을 중심으로, 나중에는 농촌으로도 확산됐다.

악법에 대한 불복종 운동은 미리 계획된 대로 질서정연했다. 따라서 중한 처벌을 내릴 수 없었다. 대개 10파운드를 넘지 않는 벌금, 며칠간의 구류, 혹은 심한 경우 몇 주간의 구금에 그쳤다. 캠페인은 전국적인 관심을 불러일으켰으며, ANC 회원이 2만 명에서 10만 명으로 불어났다. 정부가 긴장할 수밖에 없었다. 그러나 말란 정부는 아파르트헤이트의 고삐를 늦추지 않았다. 오히려 억압의 장치를 더 조여 나갔다. 1953년 공공안전법Public Safety Act을 제정하여 정부의 판단에 따라 계엄령을 선포하고 법원의 결정 없이도 개인을 구금할 수 있게 했다. 이어서 체형이 가능토록 형법을 개정했다.

정부는 ANC를 감시하고 약화시키기 위해 온갖 수단을 동원했다. 지도부와 민중을 갈라놓기 위한 술책으로 ANC 간부들은 편안히 지내면서 자원봉사자들만 감옥에 보낸다고 선전했다. 첩자도 침투시켰다. 조직은 자원봉사자 선발에 신중을 기했으나 물샐 틈이 없을 수 없었다. 한편 비밀리에 ANC와 협력한 흑인 경찰도 있었다. 경찰에 몸담고 있지만 내심으론 ANC를 지지하는 이들이었다. 비밀경찰 요원 몇몇이 조직과 은밀한 통로를 유지하며 당국의 갑작스런 검거 계획 등을 알려주었다. 목숨을 걸고 투쟁을 지원한 애국자들이었다.

## 모로카의 배신

캠페인이 한창이던 5월 마크스J. B. Marks에게 공산주의억지법에 의거한 정치활동금지령이 떨어졌다. 이런 경우 정치적 성격의 모든 조직 활동을 할 수 없게 된다. 당국이 지정한 단체의 어떤 직책도 맡을 수 없고 집회에도 참석할 수 없다. 따라서 그는 트란스발 ANC 의장 자리를 내놓아야 했다. 청년연맹 의장인 만델라가 지역 총회의 압도적인 지지를 받아 그의 후임으로 선출됐다.

만델라는 바스너H. M. Basner 법률사무소에서 일하고 있었다. 7월 30

일 경찰이 그의 사무실에 들이닥쳐 그를 체포했다. 6. 26 운동을 주도한 여러 동지들이 연이어 체포됐다. 이것도 공산주의억지법에 따른 것이었다. 이들의 집과 직장을 수색하고 서류 등을 압수했다. 이런 식의 압수, 수색, 체포가 전국적으로 일제히 이루어진 것은 전에 없던 일이었다.

법정에 서게 된 21명은 만델라를 포함하여 ANC, SAIC, 그리고 트란스발인도인회의의 주요 지도자들을 망라했다. 모로카 박사, 월터 시술루, 마크스, 그리고 인도계 인사로는 다두Dadoo 박사, 유수프 카찰리아, 아메드 카트라다도 있었다. 재판이 열린 날 법원 주변은 시민 궐기의 장이 됐다. 요하네스버그 거리의 시위 군중이 재판소로 몰려왔다. 위트워터즈랜드의 백인 대학생들, 알렉산드라에서 온 ANC 운동가들, 인도계 초등학교와 중학교 학생 등이 노소와 피부색을 가리지 않고 법정 내외를 가득 메웠다. '아프리카여 돌아오라Mayibuye Afrika'고 외쳤다.

그런데 모로카 박사의 배신이 찬물을 끼얹었다. 그는 자신만을 위한 변호사를 따로 채용했다. 원래 ANC 지도부는 모두 하나가 되어 재판에 임하기로 했다. 모두가 함께 피변호인이 되는 전략이었다. 그러나 모로카 박사는 공산주의자들과 더불어 피변호인이 될 수 없다는 입장이었다.

후배들을 더욱 당황케 한 것은 그가 재판장에게 선처를 요청하는 굴욕적인 자세를 보인 것이었다. ANC의 기본 철학을 부정하는 발언도 나왔다. 증언대에 선 그는 남아프리카에서 흑·백인간의 평등이 보장돼야 하냐는 질문에 그런 일은 없을 것이라고 답했다. 만델라와 동지들은 쥐구멍이라도 찾고 싶은 심정이었다. 이 법정에 공산주의자가 있냐는 그의 변호사의 질문엔 다두 박사와 월터 시술루를 손가락으로 가리켰다. 오히려 재판장이 그럴 필요까진 없다고 했다.

2~3년 간 ANC가 쌓아올린 것이 한순간에 무너지는 듯했다. 캠페인에 참여한 행동대원과 민중은 그의 겁약한 모습을 어떻게 받아들일까? 그는 저명 의사로서 쌓은 부와 지위를 지키기 위해 정치적 이상을 버렸다. 저항운동의 정당함을 설파하며 전국을 순회했던 그가 이제 조직을 내팽개친 것이나 다름없었다.

12월 2일 선고가 내려졌다. '법정공산주의statutory communism'의 죄를 지었다는 판결이었다. 이 법정공산주의라는 말은 재판장 럼프Rumpff 판사가 고안한 듯했다. 공산당원이거나 공산주의를 신봉하지 않더라도 남아프리카의 '공산주의억지법'에서 불법으로 규정한 행위는 법정공산주의의 죄에 해당한다는 다분히 억지스러운 논리였다. 판사 자신도 그런 논리의 옳음을 믿었을지는 의문이다.

아무튼 재판장은 "피고인들의 실정법에 불복종하는 행위가 반역에 해당할 수 있으나, 어떤 형태의 폭력 사태로도 번지지 않도록 평화로운 수단으로 일관한 점을 감안하여" 9개월 징역을 선고 유예한다고 했다.

## 캠페인의 결산

캠페인은 ANC 운동의 새로운 장을 열었다. 흑인들의 삶을 짓누르는 6대 악법에 대한 전 국민의 관심을 다시 불러일으켰다. ANC 회원이 10만 명으로 불어나며 민중과 함께하는 조직으로 성장했고 자원봉사 행동대원들은 감옥행을 두려워하지 않고 당국과 맞섰다. 이제 수감의 경험을 수치가 아니라 명예로 여기게 됐다.

6개월간의 캠페인 중 단 한건의 폭력 사고도 발생하지 않았다. 후반기 중 포트엘리자베드Port Elizabeth와 이스트런던East London에서 일어난 폭동의 와중에 40여 명이 사망하는 불상사가 발생했다. 정부는 이 폭동에 ANC가 연루된 것으로 의심했으나 이는 사실이 아니었다.

캠페인이 장기화하며 운동이 동력을 잃지 않을지 우려됐다. ANC 전임 의장인 쿠마Xuma 박사가 그런 견해를 피력했고 사실 만델라도 같은 생각이었다. 저항의 열기가 아직 식지 않은 적절한 시기에 캠페인의 종료를 선언하는 것이 오히려 전략적일 수 있었다. 그러나 이 같은 생각이 행동위원 다수의 견해는 아니었다.

사실 운동은 연말에 이르러 열기가 식어가는 듯했다. 캠페인의 첫 단계는 어느 정도 성공적이었으나 농촌 지방을 아우르는 민중저항운동으로는 발전하지 못했다. 동케이프The Eastern Cape 지방 몇몇 촌락의 호응이 있었으나 더 이상 확산되지 못했다. ANC 조직의 현실적인 한계였다. ANC는 아직 전업 간부 혹은 직원을 두지 못한 형편이었다. 만델라도 조직의 여러 중요한 임무를 맡았으나 변호사가 본업이었다.

이러한 한계에도 불구하고 캠페인은 흑인 사회의 저력을 보여주었다. 만델라도 자신이 백인과 그 정부에게 한방 먹인 것이 자랑스러웠다. 그들에 대한 열등감도 사라졌다. 그들이 쌓은 부도덕의 성은 허물어질 수 있다. 이제 위엄을 갖추어 그들을 상대할 수 있다. 만델라는 자유의 투사로 우뚝 섰다.

04

# 비폭력 저항의 한계

Nelson Rolihlahla Mandela

## 만델라 플랜

1952년 연말에 열린 ANC 총회에서 조직의 지도부가 교체됐다. 앨버트 루툴리 족장Chief Albert Luthuli이 새 의장에 선출됐다. 만델라는 네 명의 부의장 중 제1 부의장으로 선임됐다. 이미 트란스발 ANC와 청년연맹의 의장직을 맡고 있던 그에 대한 조직의 기대가 컸다.

루툴리 족장은 제7일 안식일 재림파Seventh Day Adventist 선교사의 아들로 당시의 남로데시아Southern Rhodesia, 지금의 짐바브웨에서 태어나 나탈Natal 지방에서 자랐다. 더반 부근의 아담대학Adam's College을 졸업하고 교사로 봉직했다. 온화하고 믿음직한 외모에 키가 크고 체구가 당당했다.

루툴리는 줄루Zulu 부족의 한 족장으로서 정부조직 내 흑인대의원회The Natives Representative Council의 일원이었다. 그가 정부의 ANC 탈퇴 요구를 거부하자 그의 족장 직이 박탈됐다. 이에 대해 그는 "자유를 향한 길은 십자가를 거쳐서The Road to Freedom Is via the Cross"라는 제목의 성명을 내놓았다. 30년 넘도록 인종차별의 벽을 두드린 그의 노력을 멈출 수 없다고 했다. 비폭력 저항운동에 대한 지지를 확인했다.

만델라는 루툴리에게 열렬한 지지를 보냈으나 연말의 총회에는 참석할 수 없었다. 총회가 열리기 며칠 전 정부로부터 정치활동금지령이 떨어졌기 때문이었다. 52명의 ANC 간부들에 동시에 떨어진 이 금지령으로 만델라는 요하네스버그 지역을 벗어날 수 없었다. 또 모든 형태의 집회에 참석할 수 없게 됐다. 아들의 생일 파티에도 갈 수 없었고 두 사람 이상과 동시에 대화할 수 없었다.

루툴리 의장의 족장 지위를 박탈하고 다수의 ANC 간부들에게 정치 활동금지령을 내린 것은 정부가 공산당과 같이 ANC와 SAIC도 불법화할 수 있는 조짐이었다. 이와 같은 상황을 맞을 경우에 대한 대비책이 아직 없었다. 만델라는 전국집행위원회National Executive Committee에 비상계획contingency plan의 마련을 제의했다. 위원회는 그에게 만약의 경우에 대비하여 ANC가 지하 조직으로 기능할 수 있는 방안을 마련토록 위임했다.

그렇게 해서 나온 것이 만델라구상Mandela Plan 혹은 M-Plan이었다. 이는 ANC를 피라미드 조직으로 재정비하는 계획이었다. 지도부의 결정이 하위 조직으로 신속히 전달될 수 있는 네트워크를 조성코자 했다. 활동을 금지당한 간부들이 조직을 계속 이끌어갈 수 있도록 중앙 지휘부와 지역 단위 및 그 하부 조직과의 의사소통이 원활토록 하는 구도였다.

동일한 지구에 거주하는 10가구 정도가 조직의 기초 단위인 세포cell를 이루고 각 세포의 간사cell steward가 자기 조직을 지휘한다. 그 다음 단위는 구역zone이다. 수개의 세포가 모여 한 구역 조직이 되며 간사장chief steward이 이를 지휘한다. 여러 간사장은 ANC 지역 사무국local secretariat에 보고한다. 지역 사무국의 다음 단계 상부 기관은 도 사무국provincial secretariat이다. 각 세포의 간사는 세포를 이루는 개인 혹은 가구를 잘 알고 세포 구성원은 간사를 신뢰하는 관계여야 한다. 간사는 회의를 주재하고 정치학습반을 조직 · 운영하며 회비를 거둔다. 주로 도시 지역의 조직으로 구상한 것이었으나 농촌 지역으로도 적용할 수 있을 것으로 상정했다.

이런 만델라의 구상을 집행위원회가 받아들여 곧 시행에 들어갔다. 그 일환으로 회원을 위한 정치교육과정이 마련됐다. '우리가 살고 있는 세계', '남아프리카의 통치체제', '체제 변화의 필요성' 등의 주제를 다루는 강좌 시리즈였다. 세계 여러 나라와 남아프리카의 정치, 경제 체제, 자본주의의 성장과 사회주의의 출현, 아프리카 흑백 갈등 문제를 공부하는 프로그램이었다. 회원을 교육할 뿐만 아니라 조직의 결속력을 다지는 작업이었다. 강사는 주로 활동 금지령이 떨어진 간부들이 맡았다. 만델라 자신도 자주 강의에 나가 각지의 회원들을 독려했다.

이 프로젝트가 전국적으로 확산되진 못했다. 동케이프 지방과 포트엘리자베드에선 어느 정도 성과를 거두었으나 더 넓게 펴져 나가진 못했다. ANC는 이 같은 프로그램을 지속적으로 실현에 옮기고 관리할 전업 운동원이 없었다. 때로는 지방 지도자들이 요하네스버그 중앙지도부의 영향력을 경계하는 분위기도 있었다. 한편 아직 정부로부터 벼락이 떨어지지도 않았는데 이 같은 은밀한 활동이 필요할지 의문을 품는 이도 있었다.

## 만델라 · 탬보 법률사무소

만델라는 1951년 위트킨 · 시델스키 · 아이델만의 수습 사무직에서 터브랑슈 · 브리기쉬Terblanche & Briggish 법률사무소의 사무직으로 옮겼다. 수습 과정을 마쳤으나 아직 변호사가 아니어서 변론 준비, 출두 요청서 작성 및 송부, 증인 인터뷰 등이 새 직장에서의 주된 업무였다.

이곳에서 약 1년 근무한 후 헬만 · 미셸Helman & Michel 법률사무소로 옮겼다. 이 회사의 선임 파트너senior partner인 헬만 변호사는 흑인의 권리 신장을 옹호한 지사였다. 그의 회사가 흑인 교육을 위해 상당한 액의 기부금을 내놓기도 했다.

만델라는 몇 달 동안 이 회사에 근무하며 변호사자격시험을 준비했다. 위트워터즈랜드 대학의 법학사LL.B 과정은 여러 차례 시험에 실패하여 포기했다. 대신 자격시험qualifying exam을 통해 변호사가 될 수 있었다.

자격시험에 합격하여 이제 변호사로 바스너H. M. Basner 법률사무소에서 일하게 됐다. 바스너는 상원의원을 역임한 베테랑으로 흑인 지도자들과 노조 간부들의 변호에 앞장섰다. 만델라도 이 회사에서 일하는 몇 달 동안 많은 흑인들을 변호하며 법정에 출두했다.

이런 경험을 바탕으로 만델라는 1952년 8월 자신의 독립 변호사 사무실을 열었다. 몇 달 후 당시 코발스키 · 투크Kovalsky & Tuch에 근무하고 있던 올리버 탬보와 파트너가 되어 만델라 · 탬보Mandela & Tambo 법률사무소의 현판을 내걸었다. 남아프리카 최초의 흑인 변호사들이 경영하는 로펌law firm이었다. ANC의 동지이기도 한 탬보와 파트너가 되어 든든했다. 만델라는 그를 포트헤어Port Hare에서 처음 만났다. 사려 깊은 지성의 소유자였으며 차분하고 논리적인 그의 토론 스타일은 변호사로서 적격이었다. 그에 비하면 만델라는 때때로 정감을 앞세우는 편이었다.

요하네스버그 시내 중심부의 법원을 마주보는 작은 건물에 사무실을 차렸다. 이 건물은 인도인이 주인으로 흑인이 시내에서 세들 수 있는 많지 않은 곳 중의 하나였다. 회사가 문을 열자 고객들이 몰려들었다. 흑인들이 제일 먼저 찾는 로펌이 됐다.

사실 부당한 법을 기준으로 변호해야 하는 것이 아이러니였다. 백인 전용 문을 통과하는 것, 백인 전용 버스를 타는 것, 백인 전용 샘물을 마시는 것, 백인 전용 해변을 걷는 것, 11시 이후 거리는 다니는 것, 통행증 수첩을 소지하지 않는 것, 특정한 지역에 거주하는 것, 혹은 거주할 곳이 없는 것 등, 이 모든 것이 범죄로 규정돼 있었다. 그러나 어쩌겠는가? 사람은 법의 테두리 안에서 살아야 하고 변호사의 임무는 그 테두리를 인정하며 고객의 권익을 최대한 보호하는 것이다.

만델라 · 탬보 회사의 넓지 않은 사무실은 늘 어려움을 호소하는 고객들로 붐볐다. 대대로 고향 마을의 농토를 경작하다 갑자기 당국의 퇴거 명령을 받은 노인, 어려운 가계에 보태고자 맥주를 만들어 팔다 기소된 여인, 수십 년 살던 집이 이제 백인 구역에 들게 되어 이사해야 하는 가족은 한둘이 아니었다. 흑인이 일상에서 마주쳐야 하는 차별과 굴욕은 물론 이 정도에 그치지 않았다. 매일 이들의 하소연을 듣고 구제 방안을 고안해야 했다.

두 파트너는 성심으로 고객들을 도왔다. 변호사로서 뿐만 아니라 그들의 고충을 이해하려는 동포로서 대화했다. 그들에게 도움이 되기 위해서는 그들의 삶을 이해해야 했다. 그런 만큼 만델라 · 탬보는 흑인 사회에서 남다른 의미를 갖는 로펌이었다. 흑인들이 마음 놓고 어려움을 호소하며 의지할 수 있는 곳이었다. 도움을 거절당하지 않을지, 혹은 비싼 수임료를 내야 하지 않을지 염려하지 않아도 됐다. 또 같은 흑인이 변호인인 것이 자랑스러웠다. 이런 것이 만델라와 탬보가 변호사가 된 보람이기도 했다.

하루 오전 중 보통 5~6건의 사건을 처리해야 했다. 만델라는 종일 법정을 왕래했다. 재판 과정에선 정중한 대우를 받기도 하고 흑인으로 멸시당한 때도 있었다. 증언대에 선 백인이 흑인 변호사의 질문에 응할 수 없다고 한 경우도 있었다. 경찰관을 증인으로 세우는 경우가 많았는데 이들은 만델라를 검둥이변호사kaffir lawyer, 'kaffir'는 흑인을 멸시하며 지칭하는 말이었다에 지나지 않는다는 태도였다. 판사가 만델라에게 변호사자격증 제시를 요구하기도 했다. 이는 물론 법정의 관례를 벗어나는 행위였다.

로펌 문을 연 지 1년이 지나지 않아 '도시구역법The Urban Areas Act'에 따라 관할 장관의 허가 없이는 지금의 건물에 사무실을 유지할 수 없게 됐다. 관련 부처에 허가 신청을 냈으나 거부당했다. 법대로라면 사무실을 도심에서 떨어진 외곽으로 옮겨야 했다. 영업이 제대로 되지 않을 곳이었다. 임시 머물러 있게 됐으나 늘 퇴거의 위협에 시달리며 일해야 했다. 당국에겐 이 흑인 사회의 아이콘이 돼가고 있는 로펌이 눈엣가시였다.

부당한 법이더라도 실정법을 기준으로 일해야 하는 것이 변호사다. 인구등록법The Population Registration Act에 따라 개인은 한 인종 집단에 분류되도록 했다. '유색인'coloured, 혼혈인을 이렇게 불렀다으로 분류되는 것이 '아프리카인'African, 흑인에 대한 공식 호칭으로 분류되는 것보다 유리한 점이 많아 당국이 잘못 분류한 경우 이를 시정하기 위해 법정의 판결을 거쳐야 했다. 사실 이런 경우가 드물지 않았다. 만델라는 국민을 피부색에 따라 분류하는 어처구니없는 법에 준해 고객을 변호해야 했다.

경찰의 비인도적인 행위가 법정 다툼의 대상이 되는 경우가 많았다. 피해자에게 유리한 판결을 이끌어내기 어려웠다. 오랜 구류 기간 동안 피해자의 상처가 아물어 경찰의 폭력 행사를 입증하기 어려운 경우가 태반이었다. 게다가 치안판사는 경찰의 편을 들기 마련이었다. 폭행으로 사망에 이른 경우 '여러 원인에 의한 사망'과 같은 모호한 판결로 경찰을 감쌌다.

때로는 지방 법정에서 토착민을 변호했다. 만델라가 마술witchcraft을 부린 혐으로 기소된 주술사medicine man를 변호한 일이 있었다. 많은 주민의 이목을 끈 사건이었다. 백인들이 만든 법에 따라 마을 사람들이 숭배하고 두려워하는 주술사에게 벌을 내릴 수 있을까? 재판 도중 주술사의 큰 재채기 소리가 주민들을 도망치게 했다. 아무튼 만델라의 변호는 그의 무죄 판결을 이끌어냈다. 그러나 마을 주민들은 판결을 변론보다 주술사가 쓴 영약 덕분으로 여겼을 것이다.

## 소피아타운

요하네스버그 시내 중심가에서 서쪽으로 6킬로 정도 떨어진 근교에 소피아타운Sophiatown이 있었다. 암반의 구릉 위에 조성된 주택지로 흑인들의 새 보금자리였다. 멀리서 보면 고무나무들이 촘촘히 들어선 집들을 둘러싸고 빨간 지붕에서 연기가 피어오르는 풍경은 이태리의 언덕 마을을 연상시킨다고 했다. 이곳 주민들과 깊이 정든 트레버 허들턴Trevor Huddleton 신부의 감상이었다.

이곳은 원래 백인 주택 지역으로 계획됐던 곳이었다. 개발업자들이 백인 입주자들을 예상하며 집을 지었다. 그러나 시에서 나오는 쓰레기가 인근에 쌓이며 백인들이 이곳으로 들어오길 꺼려했다. 주택회사는 할 수없이 흑인들에게 집을 팔았다. 이렇게 하여 이 지역은 1923년 도시지역법Urban Areas Act이 제정되기 전까지 흑인들이 집과 땅을 매입할 수 있는 많지 않은 곳 중의 하나였다.

오래전 지어진 벽돌집들이 양철지붕 베란다를 끼고 사뭇 우아한 모습이었다. 요하네스버그가 남아프리카 산업화의 중심 도시로 성장하며 소피아타운이 많은 흑인들의 새 보금자리가 됐다. 벽돌집 앞뒤의 빈터에 지은 오두막집들에 근로자들이 세 들어 살았다. 그리고 좁은 비포장도로 양 쪽으로 오두막집들이 빽빽이 들어섰다.

소피아타운은 나름대로의 분위기가 있었다. 많은 작가, 예술가, 의사, 변호사들이 여기서 살았다. 보헤미안적인 것과 정주문화적인 것이 혼성된 구역이었다. 쿠마 박사도 이곳에 개업의開業醫로 정착했다. 자신들을 베를리너Berliner 혹은 아메리컨Americans이라고 부르는 갱단들도 있었다. 흑인이 이용할 수 있는 유일한 수영장이 이곳에 있었다.

국민당 정부는 소피아타운에 살고 있는 흑인들을 이주시키기로 마음먹었다. 1953년 서부지구철거계획Western Areas Removal Scheme을 공식화하며 소피아타운을 포함하여 마틴데일Martindale, 뉴클레어Newclare 등지의 흑인들이 옮겨 살 새 주택 지구를 조성하기 위해 메도우랜즈Meadowlands에 택지를 매입했다. 이곳은 요하네스버그 시내에서 약 20킬로나 떨어진 곳이었다.

정부는 상식 밖의 계획을 밀어붙였다. 빈민촌을 없앤다는 명분으로 메도우랜즈에 7개 인종 집단이 각기의 주거 구역에서 살도록 한다는 방침이었다. 실은 소피아타운과 같은 요하네스버그 근교를 모두 백인만의 주거 구역으로 만든다는 구상이었다. 흑인들의 반발이 없을 수 없었다. 대부분 요하네스버그와 인근에서 일하며 이곳에 정을 붙인 이들이었다. ANC는 트란스발인도인회의Transvaal Indian Congress, TIC와 함께 거부운동을 벌이기로 했다. 1953년 6월 소피아타운의 오딘 영화관에 1,200여 주민이 참여한 가운데 운동의 기치를 올렸다.

그러나 당국은 공권력의 힘을 보여줄 태세였다. 소총으로 무장한 경찰이 집회 참석자들을 밀쳐내며 장내를 위압했다. 심상치 않은 분위기였다. 한 지휘관이 부하들과 단상에 올라 이미 연설을 시작한 유수프 카찰리아를 체포했다. 청중들이 야유하며 소리 질렀다. 만델라는 상황이 경찰과 청중의 충돌로 이어질 수 있을 것으로 우려했다. 경찰이 그런 사태를 바라고 있을지도 모른다. 최악의 경우 발포와 인명의 희생이 따를 수 있었다. 만델라는 단상으로 뛰어 올라 저항의 노래를 부르기 시작하며 청중의 합창을 유도했다. 그렇게 위기를 넘겼다.

항거 집회는 소피아타운 자유의 광장Freedom Square에서 매주 일요일 저녁 열렸다. "소피아타운은 우리의 보금자리다 – 우리는 이곳을 떠나지 않는다"고 외쳤다. ANC 지도자들, 매점 상인들, 세입자들, 그리고 허들턴Huddleton 신부도 연사로 등장했다. 늘 무장한 경찰이 집회를 에워싸고 있었다.

만델라의 연설은 문제의 본질을 파헤쳤다. 정부는 지난해의 저항 캠페인 이후 흑인사회의 힘이 두려운 나머지 날로 위압적인 정책을 내놓고 있다. 정부의 정책이 법의 정신에 어긋나며 이제 비폭력 저항만으로는 우리가 바라는 바를 이룰 수 없다. 백인소수정권이 영구집권을 위해 모든 수단을 동원하고 있기 때문이다. 결국 폭력이 아파르트헤이트를 무너뜨릴 수 있는 마지막 수단이 될 것임을 역설했다.

청중은 환호했다. 특히 젊은이들의 반응이 뜨거웠다. 그들은 행동할 준비가 돼 있었다. 만델라가 자유의 노래를 선창하자 청중도 함께 따라 불렀다: "저들이 우리의 적이다 – 무기를 들고 저들을 무찌르자". 노래가 끝나자 만델라는 "바로 저기 적이 있다"며 뒤쪽의 경찰을 가리켰다.

만델라가 순발적으로 그런 건 아니었다. 그는 앞날을 내다보고 있었다. 지난해의 저항 캠페인 이후 정부는 그런 사태의 재발을 막기 위해 온갖 수단을 강구하고 있었다. 남아프리카는 머지않아 경찰국가로 전락할 조짐이었다. ANC가 강력한 민중운동으로 발전하지 않으면 아파르트헤이트를 막을 길이 없을 것 같았다.

간디의 비폭력 저항이 성공할 수 있었던 것은 상대가 영국과 같은 나라였기 때문이다. 영국은 먼 앞날을 내다보며 무리하지 않았다. 그러나 남아프리카의 아프리카너 정권은 다르다. 평화 시위를 폭력으로 억압하지 않는가? 만델라에게 비폭력 저항은 전략이지 절대적인 원칙이 아니었다. 효과를 거두지 못하는 전략을 도덕적으로 우월하다고 할 수 없었다.

그러나 ANC 지도부의 선배들은 만델라의 이 날 연설이 너무 앞서 나갔다고 보았다. 조직의 공식 노선인 비폭력 투쟁의 원칙에서 성급하게 벗어난 것을 꾸짖었다. 그런 발언이 정권에게 탄압의 빌미를 줄 수 있을 것으로 우려했다. 정부는 강력한 공권력을 휘두를 수 있으며 ANC가 아직 미력한 단계에서 취할 방향이 아니라는 견해였다. 만델라는 선배들의 이런 충고를 받아들였다. 앞으로의 발언에서 비폭력 투쟁의 원칙을 벗어나지 않기로 했다.

이 무렵 월터 시술루가 부카레스트Bucharest에서 열리는 세계청년학생축제World Festival of Youth and Students for Peace and Friendship에 초청을 받았다. 만델라는 그가 참석할 수 있도록 도왔다. 시술루와 두마 노크웨Duma Nokwe가 이끄는 대표단이 임시 신분증명서를 마련하여 출국할 수 있었다.

만델라는 차제에 시술루가 중국을 방문하여 ANC의 무장투쟁이 불가피할 경우 중국이 무기 공급 등의 지원이 가능할지 협의해볼 것을 제의했다. 시술루의 중국 방문이 이루어졌고 베이징 지도부와의 접촉은 우호적이었다. 그러나 베이징은 무장 투쟁에 대해선 매우 조심스러운 태도였다. 상황이 무장투쟁을 위해 충분히 성숙했는지를 살펴야 하므로 신중을 기해야 한다는 입장이었다.

시술루의 중국 방문은 ANC 집행위원회와의 사전 협의 없이 이루어졌다. 나중에 이를 알게 된 중진 위원들의 호된 비판을 받았다. 루툴리 의장은 ANC 간부가 지켜야 할 당연한 준칙code of conduct을 어긴 행동이라고 질책했다. 매슈즈 교수는 시술루의 사회주의 국가 방문을 이해할 수 없다는 반응이었다. 만델라가 대신 선배들에게 사과했으나 시술루와 만델라 두 사람 다 징계해야 한다는 의견도 나왔다.

소피아타운 철거거부운동이 열기를 더해가던 1953년 9월 만델라에게 ANC 탈퇴 명령이 떨어졌다. 그의 ANC 활동을 불법화한 조치였다. 이듬해 4월엔 다른 쪽에서도 압박이 들어왔다. 트란스발법조인협회The Law Society of Transvaal가 대법원에 만델라의 변호사 자격 정지를 요청했다. 지난 저항 캠페인에 참여하여 기소당한 것은 법조인으로서 불명예스러운 일이라는 이유였다. 나중 법정에서 협회의 무리한 요구는 기각되었다.

소피아타운 철거거부운동은 1955년까지 계속됐다. 그러나 정부는 물러설 생각이 없었다. 1955년 2월 9일을 이주 목표 시점으로 잡고 있었다. 자유의 광장 항의집회는 일주일에 두 번, 수요일과 일요일 저녁마다 열렸다. ANC와 납세자협회는 쿠마Xuma 박사의 지휘 아래 수많은 항의와 청원 서한을 정부에 보냈다.

만델라와 탬보는 매일 소피아타운으로 출근하다시피하며 이들을 지원했다. 철거 바로 전날 밤 500여 명의 젊은이들이 모인 집회에서 이 지구 ANC 지도자의 한 사람인 조 모디세Joe Modise의 연설이 예정돼 있었다. 젊은이들은 ANC가 경찰과 군대에 맞서라는 명령을 내려주길 바랐다. 바리케이드를 치고 손에 닿는 무엇이든 들고 싸우겠다는 각오였다. 그러나 만델라를 포함한 지도부는 그런 대치 상황은 파국을 부를 것으로 판단했다. 치밀한 준비 없는 무장봉기는 자살 행위와 같을 것이었다. 청년들을 진정시켜야 했다.

2월 9일 새벽부터 4천 명의 군경이 호위하는 가운데 인부들이 가옥을 철거하고 남아있는 주민들을 메도우랜즈 행 트럭에 태웠다. 철거 작업은 치밀하게 진행됐다. 몇 주가 지나자 소피아타운이 흔적 없이 사라졌다.

철거거부운동은 실패로 끝났다. 만델라는 무엇이 잘못됐는지 반추해 보았다. 운동이 "우리의 시체를 밟고 넘어가라"는 슬로건을 내걸었으나 사실 죽을 각오로 철거를 저지할 준비는 돼 있지 않았었다. 주민을 투쟁에 동원했으나 정부가 철거를 강행할 경우에 대한 대비책이 없었다. 그리고 메도우랜즈 이주 계획에 대한 대안도 제시하지 못했다. 주민들이 정부를 저지할 수도 없고 메도우랜즈가 아닌 다른 곳으로 갈 수도 없게 되자 저항의 강도는 줄어들고 당국의 계획에 따라 이주에 응하는 이들이 늘어났다.

# 05

# 자유의 헌장

Nelson Rolihlahla Mandela

## 국민 화합의 비전

매슈즈 교수가 미국에서 1년간의 방문 교수 생활을 마치고 돌아왔을 때 새로운 구상을 내놓았다. ANC 연례 총회에서 인종이나 피부색을 가리지 않는 국민회의Congress of the People 구성을 제의했다. 이 국민회의가 민주적 남아프리카 건설을 위한 '자유의 헌장'을 기초할 수 있을 것이라고 했다.

남아프리카 민주화를 위해 투쟁하는 모든 단체들이 힘을 모아 미래를 향한 하나의 청사진을 국민에게 제시하자는 안이었다. ANC 총회는 이를 받아들여 국민회의 구성을 추진했다. 200여 개의 단체를 준비회의에 초청했다. 준비회의에선 4대 단체에서 2명씩의 대표가 참여하는 8인 전국행동위원회National Action Council가 구성됐다.

4대 단체는 ANC를 비롯하여 남아프리카인도인회의South African Indian Congress, SAIC, 남아프리카유색인기구South African Coloured People's Organization, SACPO, 민주회의Congress of Democrats, COD였다. 행동위원회의 의장은 루툴리, 사무국은 ANC의 월터 시술루, SAIC의 유수프 카찰리아, SACPO의 스탠리 롤란Stanley Lollan, 그리고 COD의 리오넬 번슈틴Lionel Bernstein의 진용이었다.

COD는 백인들이 주축을 이룬 급진 반정부 단체였다. ANC나

SAIC에 비하면 규모가 작았으나 마이클 하멜Michael Harmel, 브램 피셔Bram Fisher, 러스티 번슈틴Rusty Bernstein 등 출중한 인물들이 이끄는 영향력 있는 단체였다. 이들과의 협력은 상징적인 의미가 적지 않았다. 백인 사회의 지도층 인재들이 흑인의 권익 신장을 위해 함께 일한다는 사실이 고무적이었다.

행동위원회는 모든 국민의 뜻을 자유의 헌장에 담고자 했다. 전국의 모든 사회단체와 회원들로부터 제의가 쇄도했다. 스포츠클럽, 문화협회, 교회, 학교, 여성단체, 노동조합 등의 평범한 시민과 학생들이 보내온 제의에 미래를 향한 염원과 신선한 아이디어가 담겨 있었다. 이런 제의를 취합하여 ANC 각 지부에서 작성한 헌장 초안을 다른 지부에서도 참조토록 했다. 행동위원회에서 다듬은 최종안을 국민회의 총회에서 채택할 계획이었다.

총회는 1955년 6월 25일~26일 이틀간 요하네스버그 동남쪽의 클립타운Kliptown에서 열렸다. 전국 각지에서 3,000여 명의 대의원이 참석하여 성황을 이루었다. 흑인이 대다수였으나 300여 명의 인도계, 약 200명의 혼혈유색인, 그리고 약 100명의 백인이 참석했다.

만델라와 시술루는 두 사람 다 정치활동금지령이 풀리지 않아 집회의 전면에 나설 수 없었다. 그러나 집회 현장의 감동을 대회장 외곽에서나마 같이할 수 있었다. 검정, 초록, 황색의 완장을 두른 자원봉사대원들이 대의원들을 안내했다. 노소를 가리지 않고 여성 참석자들은 총회 유니폼 스커트, 블라우스를 입고 스카프를 둘렀다. 남자들은 같은 모자를 썼다. 단상도 무지개 색을 이루었다. COD의 백인, SAIC의 인도인들, SACPO의 혼혈계가 앞 열에 자리했다. 경찰도 백인과 흑인이 섞여 있었다.

노래와 연설이 이어졌다. 음식도 나왔다. 진지하면서도 축제와 같은 분위기였다. 첫날 오후 헌장 전문이 영어, 세소토어, 그리고 코사어로 낭독됐다. 소절마다 청중들이 지지의 환호를 보냈다.

둘째 날도 전날과 같은 분위기였다. 오후 3시 반경 헌장을 투표를 거쳐 최종 채택하려는 무렵 경찰 특수부대가 경기관총을 휘두르며 단상으로 들이닥쳤다. 그 중 한명이 마이크를 빼앗아 들고 반역의 혐의가 있으므로 아무도 허가 없이 현장을 빠져나가지 못한다고 선언했다. 이들은 서류와 사진을 압수하고 설치된 피켓을 걷어 치웠다. 경찰이 참석자들을 둘러싼 가운데 한 사람 한 사람을 심문하듯 하며 집회장을 떠나도록 했다.

만델라와 시술루는 이런 현장을 외곽에서 바라보아야만 했다. 국민회의 총회에 대한 당국의 이와 같은 대응은 정부의 보다 강경한 행동을 예고하는 듯했다. 두 사람은 그날 저녁 요하네스버그에서 있을 ANC 지도부 긴급회의에 참석하기 위해 현장을 떠났다.

총회가 이렇게 해산되었으나 자유의 헌장은 미국의 독립선언서나 프랑스의 인권선언과 같은 역사적인 의미를 갖는 장전이 됐다. 인종차별 철폐와 모든 국민의 동등한 권리를 주장했다. 자유와 민주적 남아프리카 건설을 위해 모든 시민이 참여할 것을 호소하며 미래를 향한 청사진을 제시했다. 전문과 본문의 요지는 다음과 같다.

## 전문

(1) 남아프리카는 피부색이 서로 다른 모든 국민의 것이며 정부의 통치권은 국민의 뜻에 바탕을 두어야 한다.

(2) 우리 국민은 불의와 불평등에 기반을 둔 정부에 의해 토지에 대한 천부의 권리와 자유, 평화를 박탈당했다.

(3) 모든 국민이 형제애를 나누며 동등한 권리와 기회를 누리지 않는 한 우리나라는 번영할 수 없고 자유로울 수 없다.

(4) 국민의 뜻에 바탕을 둔 민주국가만이 국민에게 피부색, 인종, 성별, 신념을 구분하지 않고 천부의 권리를 보장할 수 있다.

(5) 따라서 우리 아프리카 국민은, 흑백이 함께, 이 자유의 헌장을 채택한다. 우리는 모든 힘과 기백을 다하여 민주적 변화가 이 땅에 실현될 때까지 노력할 것을 맹서한다.

## 본문

(1) 국민이 통치권자이다.

· 모든 국민이 선거권과 피선거권을 가져야 한다.

· 모든 국민이 공직에 종사할 수 있어야 한다.

· 모든 국민의 권리는 인종, 피부색, 성별에 관계없이 동등해야 한다.

· 소수에 의한 지배 체제는 민주적 자치 기구로 대체돼야 한다.

(2) 모든 민족 집단이 동등한 권리를 향유해야 한다.

· 모든 인종이 정부기구, 법원, 학교에서 동등한 지위를 누려야 한다.

· 모든 인종의 존엄이 법의 보호를 받아야 한다.

· 모든 국민의 고유한 언어와 문화, 풍속을 존중해야 한다.

· 인종차별은 형사 처벌돼야 한다.

(3) 모든 국민이 골고루 국부(國富)를 향유해야 한다.

· 국부는 전 국민의 유산이며 전 국민에게 돌아가야 한다.

· 지하자원, 금융 및 독점 산업은 국민의 소유로 돌아가야 한다.

· 다른 모든 산업과 통상은 국민의 복리에 기여토록 해야 한다.

· 모든 국민은 자유로이 직업을 선택할 수 있어야 한다.

(4) 토지는 경작하는 이들이 공유해야 한다.

· 인종에 따른 토지소유권의 제한은 철폐돼야 한다.

· 토지를 경작자에게 재분배하여 기근을 극복해야 한다.

ANC 내에 헌장의 내용에 대해 의문을 제기하는 이들이 있었다. COD의 백인 급진 세력이나 공산주의자들의 영향을 받아 사회주의적 색채를 띠게 됐다는 비판이었다. 만델라는 이와 같은 의구심을 불식시키기 위해 최선을 다했다. 월간 『해방Liberation』 1956년 6월에 실린 글에서 헌장의 내용이 기업 활동의 자유를 보장하며 흑인들도 산업, 통상 분야에서 활약하는 미래를 전망하고 있다고 했다. 흑인이 자산을 소유할 수 있고 기업의 경영자로 자본주의 경제의 발전에 기여하는 앞날을 내다본다고 했다.

헌장은 사회주의 이론에서 설파하는 계급이나 사유재산의 철폐, 생산수단의 국유화를 주장하지 않는다고 했다. 광산, 은행, 독점기업의 국유화 가능성에 대한 구절은 이런 산업의 소수 백인 자본가들에 의한  독점을 막기 위한 의도임을 설명했다.

## 반투교육법/반투행정법

「자유의 헌장」에서 제시된 남아프리카의 미래상은 근대화된 자유 민주주의 제도가 모든 인종의 공존과 화합을 보장하는 사회였다. 그러나  국민당 정부는 나라를 피부색에 따라 쪼개는 작업에 몰두하고 있었다. 교육에서도 아파르트헤이트를 구현하고자 1953년 반투교육법Bantu Education Act을 제정했다.

남아프리카 교육의 근대화에 교회와 선교단의 역할이 컸다. 이들이 학교를 설립하고 유럽식 교과과정을 도입함으로써 이 나라의 교육이 지금과 같은 체제를 갖게 됐다. 흑인들이 다니는 학교도 교과과정은 백인 학교와 크게 다르지 않았다. 시설이나 자원은 백인 학교의 수준에 미치지 못했으나 교육의 기본 틀은 같았다. 만델라가 다닌 학교도 초등학교에서부터 대학까지 모두 미션스쿨이었다.

그런데 이제 정부가 흑인을 대상으로 한 교육을 재편하겠다는 것이었다. 교회나 선교단이 학교 운영권을 정부에 넘기도록 종용했다. 영어를 중시하며 영국식 교육이념으로 운영되던 학교를 인종 분리 체제에 맞도록 바꿀 계획이었다.

흑인 교육을 교육부Department of Education 대신 토착민행정부Native Affairs Department에서 관리토록 했다. 토착민행정부 베어우드Hendrik Verwoerd 장

관은 아파르트헤이트의 화신이었다. 교육의 목적은 사람이 자신의 본분을 다할 수 있도록 준비시키는 것이라고 했다. 흑인은 일정 수준 이상의 생업에 종사할 수 없으므로 그 교육의 내용도 달라야 한다고 주장했다. 말하자면 백인을 받드는 육체노동자로 일생을 살도록 훈육해야 한다는 논리였다. 매슈즈 교수는 베어우드 식 교육이라면 흑인은 차라리 학교에 다니지 않는 것이 나을 것이라 했다.

베어우드의 이런 조야粗野한 주장은 많은 국민의 공분을 샀다. 흑인 사회뿐만 아니라 네덜란드개신교Dutch Reform Church계를 제외한 대부분의 기독교 지도자들과 선교단이 정부의 반투교육정책에 반대했다. 그러나 재정 지원을 줄이겠다며 위협하는 정부의 요구를 무시하기 어려웠다.

여러 교회가 학교 운영권을 정부에 넘기게 된다. 그러나 가톨릭Roman Catholic과 유대개신교United Jewish Reform Congregation를 포함한 몇몇 교단은 정부 재정 지원 없이 버텨나갈 각오였다. 영국성공회의 요하네스버그 교회는 운영하던 학교들을 닫아버렸다. 10,000여 명의 학생들이 등교할 학교가 없어질 지경이었다.

많은 흑인 학생들과 학부모들이 반투교육법에 항거하는 등교 거부 운동에 동참했다. 보이콧에 참여하는 학생들을 위한 대안 학교들도 생겨났다. 그러나 당국의 눈을 피해 운영되는 대안 교육이 오래 지속

될 순 없었다. 많은 부모들이 자녀들을 다시 학교로 보내게 된다. 만델라의 경우 자녀들이 제7일 재림교에서 운영하는 사립학교에 다녔다. 정부의 재정 지원 없이 견뎌낸 학교였다.

등교 거부가 정부의 정책 방향을 돌려놓진 못했다. 그러나 흑인 사회가 보여준 결의에 베어우드 장관이 주춤했다. 모든 국민에게 동일한 내용의 교육이 제공될 것이라며 한발 물러섰다. 정부가 1954년 11월에 내놓은 교과과정안은 학교 체제를 부족 단위별로 구상한 원래의 안을 상당 부분 수정한 것이었다.

장기적으로는 반투교육법이 백인 지배에 항거하는 신세대를 길러냈다. 차별 교육을 합리화한 법은 그 속에서 자라난 세대의 체제에 대한 불만과 저항을 체질화했다. 이들이 10대 후반 혹은 20대 초반의 청년이 됐을 때 흑인의 자유를 위한 투쟁은 전국적 민중운동으로 발전한다.

반투행정법Bantu Authorities Act은 남아프리카를 백인과 흑인으로 분리할 뿐만 아니라 흑인들을 여러 부족으로 나누고자 했다. 흑인 사회를 7개의 부족으로 분할하고 각 부족이 살아온 지방을 다시 여러 작은 지구로 쪼개는 구상이었다. 예를 들면 트란스케이Transkei 지방은 세 개의 서로 떨어진 지구로, 시스케이Ciskei 지방은 17개 지구로, 콰줄루KwaZulu 지방은 29개 지구 등으로 나누는 방식이었다.

그리고 지방의회로 기능해오던 붕가Bunga를 해체하고 반투행정청Bantu Ahthorities이 각 지방을 다스리는 체제로 바꾸려 했다. 트란스케이 붕가의 경우 108 명의 의원 중 1/4이 백인이고 3/4은 흑인이었다. 붕가는 지방 주민의 삶, 조세 수준, 도로와 교량 등 사회 인프라와 관련하여 의결한 내용을 중앙정부에 전달할 수 있었다. 붕가의 건의는 자문적 성격이었으나 제한된 범위에서나마 주민의 뜻을 대변할 수 있는 통로였다.

이제 이런 대의기구는 해체되고 반투행정청이 각 지방을 다스리는 체제로 바뀌게 됐다. 세습적 부족장이 각 지방 반투행정청의 장이 되어 토속 사회를 관리하는 구조였다. 부족장의 지위는 토속 관습에 따라 세습적이며 중앙정부의 승인을 받아 유지되도록 했다.

전통적 부족사회의 질서가 되살아나는 듯 보이지만 중앙정부가 국가 권력을 장악하고 있으므로 굳이 비유하자면 왕이 전 국토의 주인이며 봉건 영주가 왕의 위임을 받아 일정한 영지를 다스리는 체제와 유사했다. 중앙정부가 남아프리카 전체 국민과 국토에 대한 통치권을 갖되 흑인들의 생활 영역을 토속적 부족 사회 단위로 분할하여 각 단위의 행정권은 세습적 부족장이 갖도록 했다.

주안점은 흑인들이 각기의 작은 단위 사회 속에 묶이도록 하는 데 있었다. 그리고 흑인 사회를 부족 단위로 나누고 다수의 부족장이 각기의 영역을 다스리게 함으로써 중앙정부의 흑인 사회 분할–통치 divide and rule가 용이하도록 한 것이었다. 반투행정법에 대한 비판이 일자 많은 작은 단위의 흑인 주거 및 생활 구역을 토착민 '보호 구역 reserve'의 개념으로 포장했다. 인종 분리 정책에 대한 국제사회의 비판을 무마하기 위함이었다. 흑인들이 이런 보호 구역 내에서 스스로의 방식으로 발전을 도모할 수 있다는 명분을 내세웠다. 구역 내 부분적인 산업화의 필요성도 인정했다.

그러나 보다 근본적인 문제는 3백만의 백인이 이 나라 국토의 87%를 차지하고 8백만의 흑인이 나머지 13%의 땅에 묶여 살아야 하는 것이었다. 흑인이 다른 곳으로 이주할 수 있는 경우는 백인이 필요한 때에 국한했다. 사실 백인 기업을 위해 흑인 노동력의 공급이 원활토록 하는 별도의 장치가 있었다.

반투행정법의 목적은 백인과 흑인의 지리적, 사회적, 정치적 영역을 분리하는 데 있었다. 백인은 직업을 자유로이 선택할 수 있고 참정권도 있었다. 그러나 흑인은 거주지가 제한되므로 종사할 수 있는 일도 제한될 수밖에 없었다. 선거권, 피선거권이 없으므로 남아프리카의 국민이라기보다 각 부족의 구성원에 지나지 않았다. 아파르트헤이트 체제의 영구화를 위한 구상이었다.

## 귀향

1955년 9월 초 만델라의 정치활동금지령이 해제됐다. 그는 오랜만에 고향을 찾기로 했다. 고향 마을의 어머니와 친척들을 만나보고 싶었다. 그리고 중요한 임무도 있었다. 그의 연상이지만 조카이며 트란스케이 지방의 부족 지도자인 만탄지마를 만나 '반투 행정법'에 대한 대응을 조율해야 했다.

요하네스버그에서 쿠누까지 자동차 길로는 먼 거리지만 만델라는 이런 여행을 즐겼다. 장거리 여행에는 항상 한밤에 길을 떠났다. 동이 트기 전 도심을 벗어나 넓디넓은 평야, 고원, 숲속 길을 달리며 상념에 빠져든다. 아프리카의 자연을 만끽하며 심신이 새로운 활력을 얻는 듯했다. 카 라디오에서 흘러나오는 음악은 힘든 삶을 노래하지만 희망을 준다. 아프리카인의 염원을 담고 있다.

나탈Natal을 거치며 그곳 ANC 지도자들과 만나 현지의 실정과 앞날의 활동 방향에 대한 의견을 나누었다. 그루트빌Groutville에서는 루툴리 의장과 하루를 보냈다. 그는 1년 넘게 금지령에 발이 묶여 있었다. 그는 최근의 ANC 활동이 요하네스버그에 집중되고 있어 지방 조직이 약화되지 않을까 염려했다. 만델라는 그의 우려를 깊이 마음에 새겼다.

더반Durban에선 SAIC의 지방 지도자인 내이커Naicker 박사를 만나고 인도양을 내다보는 아름다운 해변 도시 포트솁스톤Port Shepstone을 거쳐 움짐쿨루Umzimkulu로 가 ANC 재무국장 콩코Conco 박사와 회동했다. 자동차가 움타타Umtata에 들어서며 고향으로 돌아온 감회에 젖었다. 고향을 떠난 지 13년 만이었다. 어머니, 누이들, 옛 친구들과 재회하며 꿈같은 며칠을 보냈다. 한편 이곳에서 해야 할 일이 있었다. 반투행정법을 저지하기 위해 지방 지도자들의 협조를 구하고자 했다.

만델라와 만탄지마의 의견이 달랐다. 만탄지마는 반투행정법을 지지하는 쪽이었다. 그는 엥구벵쿠카 왕의 후손으로서 부족사회 질서의 복구를 기대하고 있었다. 정부가 주장하듯이 흑인사회의 '분리 발전separate development'을 통해 자유로운 남아프리카의 건설이 가능할 것으로 기대했다. 한편 ANC의 투쟁이 갈등과 유혈을 부를 것이라며 우려했다.

만델라는 이 법이 많은 흑인들이 농촌 마을을 떠나 도시에서 일하는 현실과 맞지 않으며 정부의 의도는 흑인사회의 '분리-통치'에 있음을 지적했다. 그러나 만탄지마를 설득하진 못했다. 만델라는 자신이 고향을 떠난 13년 동안 얼마나 먼 길을 왔는지 실감했다. 자신도 종긴타바가 바라던 바와 같이 템부 왕실을 보좌하며 살았더라면 지금과는 다른 생각을 할지 몰랐다.

보름간을 어머니가 사는 쿠누 마을과 양어머니 노잉글랜드종긴타바의 미망인가 있는 장원을 왕래하며 지냈다. 그가 자라난 평원의 대자연을 만끽하며 친척, 정든 이웃과 친구, 그리고 현지의 ANC 활동가들과 교유하며 푸근한 마음이었다.

이제 다시 떠나야 할 때가 됐다. 포트엘리자베드Port Elizabeth와 케이프타운Cape Town을 거쳐 가기로 했다. 포트엘리자베드에선 매슈스 교수의 아들인 조 매슈스가 거소를 마련해 주었다. 고반 음베키Govan Mbeki를 비롯한 지도자들을 만났다. 음베키는 주간『뉴에이지The New Age』의 편집장으로 지난 국민회의를 조직하는 데 크게 이바지했다. 케이프타운에선 감리교 지도자인 월터 테카Walter Teka 목사 댁에서 2주간을 머물렀다. 그곳을 거점으로 워스터Worcester, 파알Paarl, 스텔렌보쉬Stellenbosch 등지의 ANC 활동가들을 접촉했다.

케이프타운을 떠나기 전『뉴에이지The New Age』사무실에 들러 옛 동료들과 시국에 대해서 의견도 나누고 작별 인사도 할 참이었다. 9월 27일 아침이었다. 사무실 계단을 올라가는데 신문사의 프레드 카네선Fred Carneson 사장과 경찰관이 다투는 목소리가 들렸다. 보안경찰이 예고 없이 수색을 나온 것이었다. 만델라는 발길을 돌려야 했다. 이날의 수색은『뉴에이지』만 당한 일이 아니었다. 전국적으로 500여 명의 집과 사무실을 경찰이 급습했다. 요하네스버그에 있는 만델라의 로펌 사무실도, 모로카 박사, 허들턴 신부, 매슈즈 교수의 집도 수색 당했다.

## 반역 혐의

1956년 12월 5일 이른 아침 대문을 두드리는 소리에 잠이 깼다. 직감적으로 경찰이 온 것을 알았다. 급히 옷을 걸치고 나가보니 루소Rousseau 경감이 부하 둘을 데리고 서 있었다. 수색영장을 내 보이더니 온 집안을 샅샅이 뒤지기 시작했다. 서랍, 캐비넷, 옷장 등을 헤쳐 놓은 후 만델라를 '반역죄' 혐의로 체포한다고 했다. 아이들은 아버지가 연행되는 모습에 온몸을 떨었다. 경찰차는 루소가 직접 운전하고 만델라가 그 옆자리에 앉았다. 부하 둘은 요하네스버그 시내에 진입하기 전 전 차에서 내렸다. 루소는 만델라를 잘 알고 있었고 둘만 있어도 무슨 사고는 없으리라 믿었다.

만델라는 그날 바로 마샬광장Marshall Square이라 불리는 요하네스버그 구치소에 수감됐다. 1952년 저항 캠페인 때도 며칠 밤을 보낸 곳이었다. 동료들 몇이 이미 와 있었다. 이후 몇 시간 동안 지난 국민회의 총회를 조직한 ANC, SAIC, SACPO 등 여러 조직의 지도자들이 속속 합류했다. 당국이 이날 일제 검거에 나선 것이었다. 루툴리 의장을 포함하여 전국 곳곳에서 체포된 지도자들이 군용기편으로 요하네스버그로 이송됐다. 하루만에 144명의 지도자, 활동가들이 검거됐다. 일주일 후 월터 시술루와 그 외 11명이 추가 검거됐다. 모두 156명을 이곳에 가두었다. 흑인이 105명, 인도계가 21명, 백인 23명, 혼혈유색인이 7명이었다.

한 나라의 수준은 감옥에 가보면 안다는 말이 있다. 이날 간수들은 이 나라 자유의 투사들을 인간으로 대우하지 않았다. 156명을 마당에 모아놓고 옷을 모두 벗게 했다. 전신 나체로 줄을 선 채 한 시간 이상을 바람에 떨게 했다. 모멸감을 안기는 것이었다. 성직자, 교수, 의사, 변호사, 기업가들 - 평소 점잖은 대우를 받는 중년과 노년의 신사들이었다. 만델라는 화가 나면서도 웃음을 참을 수 없었다. "옷이 날개다"라는 말이 실감나는 광경이었다. 훌륭한 몸매가 지도자의 조건이라면 여기 서있는 이들 중 아무도 그럴 자격이 없을 듯했다.

시멘트 바닥의 큰 감방 두 개가 이들이 견뎌야 할 곳이었다. 막 칠한 듯 페인트 냄새가 났다. 아무런 가구나 시설도 없었다. 한 사람당 얇은 담요 석 장과 사이잘삼 깔개 한 장이 주어졌다. 바닥에 판 변소는 칸막이 없이 노출돼 있었다. 수감자들은 2주를 이곳에서 보내야 했다. 열악한 여건에도 불구하고 이들의 사기는 꺾이지 않았다. 오히려 동지 의식으로 서로의 유대가 깊어졌다. 멀리 떨어져 살며 서로 이름만 알며 지내던 이들이 한 자리에 모이게 되어 뜻하지 않게 총회를 열게 된 형국이었다. 다채로운 프로그램이 구성됐다.

매슈즈 교수는 ANC와 미국 흑인 사회의 역사를, 데비 싱Debi Singh은 SAIC의 유래에 대해 강연했다. 아서 레텔레Arthur Letele는 토속 주술사에 관한 이야기를 들려주었다. 제임스 카탈라James Catala 목사는 그의 아름다운 테너 목소리로 노래하며 아프리카 음악에 관해 강론했다.

줄루Zulu 부족 출신으로서 ANC 나탈지부 사무국을 관리하는 마사발랄라 옝과Masabalala Yengwa는 전설적인 줄루의 영웅 샤카Shaka를 예찬하며 연기했다. 담요를 망토로 두르고 신문을 말아 창으로 삼았다. 창을 쳐들고 줄루어로 예찬가를 부르는 모습을 바라보던 루툴리 의장이 일어서 함께 노래하며 춤추기 시작했다. 모두가 그를 따라 일어나 줄루 무사가 된 듯 춤추며 노래했다. 코사 족이든 줄루 족이든, 인도계든 흑인이든, 성직자든 지도자든 모두가 하나가 된 듯했다. 아프리카의 역사와 문화는 그들에게 하나의 역사와 문화였다. 민족주의와 애국심, 그리고 미래에 대한 열망이 그들을 하나로 결속했다.

2주간을 그렇게 보낸 후 12월 19일 요하네스버그의 법정으로 실려 갔다. 사실 법정 같아 보이지 않는 거대한 군용 창고와 같은 곳이었다. 원래 군 부대의 옥내 훈련장으로 지어진 건물로서 156명을 동시에 수용할 수 있는 법정이 없어 이곳을 임시 사용케 된 것이었다. 156명이 모두 반역 혐의로 기소됐다. 재판은 이곳에서의 예비심사를 거쳐 대법원에서 열릴 예정이었다. 예비심사는 치안판사magistrate가 주재하게 돼 있었다. 치안판사가 혐의를 인정할 수 있다고 판단하는 경우 사건이 대법원에 올라가게 되는 절차였다.

심사가 시작되어 수석검사가 기소장을 읽는 데만 사흘이 걸렸다. 1952년부터 1956년 사이의 저항 캠페인, 소피아타운 철거 거부 운동, 국민회의 총회 등에 현 정부를 전복하고 공산주의 정권을 세우려는 의도가 드러났다고 했다. 「자유의 헌장The Freedom Charter」을 공산주의 사상과 국가 전복 음모의 증좌로 들었다.

변호 팀은 브램 피쉬Bram Fisher와 노먼 로젠버그Norman Rosenberg 등 막강한 진용으로 구성됐다. 예비심사 사흘째에 이르러 반역 혐의가 무리하게 씌워졌음이 밝혀졌다. 156면 전원이 보석으로 풀려났다. 1주일에 한 번씩 경찰에 신고하고 어떤 종류의 공공집회에도 참석하지 않는 조건이었다. 보석금은 피부색에 따라 달랐다. 백인은 각 250파운드, 인도계는 100파운드, 흑인과 유색인은 25파운드씩이었다.

각계각층 인사들이 기금을 모아 변호 비용과 보석금을 부담해 주었다. 이것이 시작이 되어 훗날의 반역재판변호기금Treason Trial Defense

Fund이 조성됐다. 리브스Reeves 주교를 비롯한 사회 유지들이 뜻을 모은 결과였다.

1957년 1월 9일 예비심사가 재개됐다. 검찰은 모반 혐의의 증거물로 문서, 편지, 팜플렛, 서적, 신문과 잡지 등 경찰이 3년 동안 수색하고 모은 자료를 제시했다. 그리고 증인들로 집회 현장을 감시한 형사들, 그리고 ANC에 침투시킨 첩자들도 내세웠다. 그러나 증거물로 내놓은 것 대부분이 이미 공개된 자료이거나 알려진 내용이었다. 증인들의 발언은 앞뒤가 맞지 않는 이야기가 많았다.

검찰과 변호인단의 공방은 1년 내내 지리하게 계속됐다. 연말에 이르러 검찰은 아무런 설명 없이 156명 중 61명에 대한 기소를 중지한다고 발표했다. 루툴리 의장과 탬보 변호사와 같은 지도자들이 그 속에 포함된 것은 의외였다.

한편 검찰 팀이 강화됐다. 법무장관과 국방장관을 지낸 중량급 정치인 오스월드 피로우Oswald Pirow가 이 재판의 수석검사로 등장했다. 사실 그가 재판의 분위기를 바꾸어 놓았다. 강렬한 수사修辭가 그의 주된 무기였다. 경찰이 새로운 음모의 증거를 확보하고 있다고 했다. ANC 지도자들의 격렬한 발언을 인용하며 남아프리카가 화산 폭발 직전의 상황이라고 했다. 피고인들을 향해선 지금의 상황을 가볍게 보아서는 안 되며 실형이 선고될 수 있다고 겁박했다. 13개월에 걸친 예비심사 끝에 치안판사는 사건을 트란스발 대법원Transvaal Supreme Court에서 심의할 충분한 이유가 있다고 판시했다. 더 길고 힘든 재판의 과정이 여기 95명을 묶어놓게 된다.

## 에블린과의 결별

에블린은 성실한 아내이자 훌륭한 어머니였다. 그녀는 간호사로서 4년의 경력을 쌓은 뒤 더반의 에드워드 7세 병원King Edward VII Hospital의 조산술 수습 과정에 등록했다. 몇 달 집을 떠나 있어야 했다. 당시 만델라의 어머니와 누이가 아이들을 돌볼 수 있어 가능했던 일이었다.

그녀가 자격시험에 합격하여 집으로 돌아온 후 얼마 지나지 않아 셋째 아이를 가졌다. 태어난 아이는 6년 전 한 살이 되지 않아 세상을 떠난 딸의 이름 마카지웨Makaziwe를 이어받았다. 남아프리카엔 사망한 아이를 기리는 의미에서 같은 이름을 나중 태어난 아이에게 지어주는 풍습이 있었다.

이듬해에 그녀는 여호와의 증인Jehovah's Witnesses 교회의 한 조직에 가담하여 열렬한 신자가 됐다. 아울러 남편도 정치를 떠나 종교에 귀의하기를 희망했다. 정치는 젊은 한때의 일에 불과하다며 남편도 언젠가 트란스케이 고향의 품에 안기기를 염원했다.

남편은 자유를 위한 투쟁의 불가피함을, 아내는 신앙의 가치를 이야기했다. 남편이 나라를 위한 일의 중요함을 들면 아내는 하나님을 섬기는 일이 우선이라고 했다. 아이들을 두고도 다투었다. 만델라는 아이들도 정치에 눈을 떠야 한다고 생각했다. 템비는 이미 ANC의 소년단 '선구자Pioneers'의 일원이었다. 그러나 에블린은 아이들의 신앙 생활을 더 중시했다. 교회에 데리고 다니며 시간이 날 때마다 전도서를 읽어주었다.

에블린은 남편의 정치에 대한 열정을 이해하지 못했다. 만델라는 ANC에 투신한 후 거의 매일 밤늦게 귀가했다. 근무 시간 후 저녁이면 여러 회의, 회합으로 분주했다. 에블린은 남편의 이런 생활을 이해하기 어려웠고 그가 다른 여자를 만나지 않는지도 의심했다. 남편의 설명은 변명으로만 들렸다. 결국 아내와 정치 중 하나를 택하라는 최후통첩을 선언했다.

에블린은 월터 시술루 내외가 친딸처럼 돌보았던 질녀였다. 만델라 부부가 화합하길 간절히 바랐으나 두 사람의 마음을 돌리기엔 역부족이었다. 만델라는 자신의 생명을 걸다시피 한 일을 아내가 이해하지 못하는 것을 받아들이기 어려웠다. 에블린은 덧없는 정치에 몸을 던져 아내와 가정을 소홀히 하는 남편에게 자신을 맡길 수 없었다.

만델라가 2주간 마샬스퀘어에 구금된 동안 에블린이 한번 찾아왔었다. 그러나 그가 풀려나 집에 돌아왔을 때는 아내가 아이들을 데리고 떠난 후였다. 며칠 지나 그녀의 오빠 집으로 옮긴 것을 알게 됐다. 이렇게 부부관계가 파탄에 이르러 아이들이 깊은 상처를 입었다. 첫 아들 템비는 공부를 소홀히 하고 사람들과 잘 어울리지도 않았다. 아버지와 함께 복싱클럽에 갈 때면 잠시 밝은 표정이 되기도 했으나 이전의 템비가 아니었다. 만델라가 어린 딸 마카지웨가 다니는 어린이집에 들를 때가 있었다. 소녀는 아버지를 보고도 몸이 굳은 채 어쩔 줄 몰라 했다. 만델라는 가슴이 아팠다.

## 샤퍼빌 학살

ANC 내에 조직의 투쟁 방식에 대해 불만을 가진 이들이 있었다. 인도계와 공산주의자들과의 연대를 끊고 아프리카 민족주의에 충실해야 한다는 파派였다. 인도인들과 토착 아프리카인의 이해가 같을 수 없으며 공산당은 백인들이 대세를 이룬 집단이라고 보았다. 흑인이 자유를 쟁취하여 흑인의 남아프리카를 건설해야 한다는 주장이었다. ANC의 「자유의 헌장」이 아프리카 민족주의를 버렸다며 비판했다.

이들이 떨어져 나가 범아프리카회의Pan-African Congress, PAC를 조직했다. 1959년 4월 6일 요하네스버그 근교의 대회의장에 수백 명의 대의원이 참석한 가운데 창립 총회를 열며 출범했다. 창립을 주도한 이들 모두가 만델라의 친구, 동료들이었다. 로버트 소부크웨Robert Sobukwe가 의장이 되고 포트라코 레발로Potlako Leballo가 사무국을 이끌게 됐다. PAC는 1944년 렘베데Anton Lembede와 음다A. P. Mda가 청년연맹을 창립할 당시의 정신으로 돌아간다며 상당히 급진적인 목표를 내걸었다. 1963년까지 현 정권을 무너뜨리고 흑인의 해방과 독립을 완수하겠다고 선언했다.

PAC는 통행증 강요에 항거하는 시위를 전국적으로 펼친다. 3월 21일 케이프타운에서 열린 집회에 4만의 군중이 운집했다. 이날 요하네스버그 남쪽 샤퍼빌Sharpeville에서 참극이 발생했다. 수천 명의 시위대가 경찰서를 둘러싸자 75명의 경찰이 이를 감당하지 못해 공포에 사로잡혔다. 발포 명령이나 경고 사격도 없이 시위대를 향해 총격이 가해졌다. 도주하는 군중들 중에서도 희생자가 나왔다. 모두 69명이 사살되고 400명 이상이 부상당했다. 700여 발의 무차별 총격으로 빚어진 비극이었다.

이 참극은 전국을 비상사태로 몰아넣고 국민당 정부가 초유의 위기를 맞게 된다. 유엔 안전보장이사회와 미국 국무부가 아파르트헤이트와 샤퍼빌 학살을 비난했다. 남아프리카 증시의 주가는 폭락하고 외국 자본이 이 나라를 빠져나가기 시작했다. 정부는 참극이 공산주의자들의 음모에서 빚어진 것이라는 구차한 변명을 내놓았다.

ANC의 루툴리 의장은 3월 26일 프리토리아Pretoria에서 이제 흑인 사회 전체가 통행증 거부에 동참할 것을 호소하며 자신의 것을 공개석상에서 불살랐다. 그는 3월 28일을 '국민 애도의 날'로 선포하며 1일 파업을 호소했다. 수십만이 루툴리 의장의 호소에 응했다. 케이프타운에선 5만 군중이 샤퍼빌 학살에 항의하는 집회에 참석했고 전국 곳곳에서 폭동이 가라앉지 않았다. 정부는 계엄령을 선포했다.

아프리카 대륙에 변화의 바람이 불며 국민당 정부가 긴장하고 있었다. 가나Ghana가 1957년 독립하며 범아프리카주의pan-Africanism 및 반아파르트헤이트의 지도자 엥크루마Kwame Nkrumah가 국제 무대에 등장했다. 1960년엔 17개 식민지 국가들의 독립이 예정돼 있었다. 그러나 말란 정부는 밀려오는 바람에 완강히 맞설 태세였다.

## 대법원의 양심

3월 30일 새벽 1시 반경 경찰이 다시 만델라의 집에 들이닥쳤다.

대여섯의 경찰이 영장도 없이 온 집안을 뒤지더니 만델라를 연행해 갔다. 계엄령이 발효하기 하루 전 미리 체포한 것이었다. 그날 소피아타운의 뉴랜즈Newlands 구치소에 수감된 동지들만 40명이 됐다. 전국적으로 2,000여 명이 일제 검거됐다.

만델라는 이제 구속 상태에서 반역 협의 재판을 받게 됐다. 예비심사 후 트란스발 대법원으로 넘어온 이 사건의 심리가 1958년 8월 이래 계속되고 있었다. 그간 검찰 측은 당초의 95명에 대한 기소를 거두어들였다가 한 달 후 만델라를 포함한 30명을 재기소했다. 피고인 전원이 보석으로 풀려났다가 이제 계엄령으로 체포되어 감옥과 법정을 오가며 재판을 받게 됐다.

프리토리아 지방교도소의 환경도 열악했다. 다섯 명씩을 3평도 안 되는 감방에 밀어 넣었다. 통풍이 제대로 되지 않는 불결한 공간이었다. 뚜껑이 헐거운 변기통이 하나씩 있었고 세탁하지 않은 담요엔 빈대가 서식했다. 하루 한 시간만 바깥바람을 쐴 수 있었다.

빈약한 식사마저 피부색에 따라 달리 제공됐다. 흑인, 인도계, 혼혈유색인의 아침 식사량은 같았으나 인도계와 혼혈에겐 반 티스푼의 설탕을 주었다. 저녁 메뉴도 같았으나 인도계와 혼혈만 소량의 빵이 배급됐다. 흑인은 원래 빵을 좋아하지 않는다는 이상한 가정에 따른 차별이었다. 백인 수감자의 식단은 훨씬 나았다. 설탕과 빵도 피부색에 따라 달랐다. 백인에겐 흰 빵과 흰 설탕이, 인도계와 혼혈에겐 갈색 설탕과 갈색 빵이 나왔다.

만델라가 주말마다 요하네스버그로 왕래할 수 있었던 것이 그나마 다행이었다. 그의 로펌을 청산, 정리하기 위한 출장이었다. 올리버 탬보는 계엄령이 선포되기 직전 남아프리카를 떠났다. ANC가 당국의 강도 높은 탄압을 예상하며 그가 해외에서 망명 조직을 이끌어 갈 수 있도록 대비한 것이었다. 이렇게 해서 로펌 만델라·탬보는 문을 닫게 된다.

계엄령 하의 재판에 묘한 함정이 있었다. 변호인단이 채택한 증인이 피고인에게 유리한 증언을 할 경우 이것이 바로 계엄령에 저촉될 수 있었다. 증언대에 선 사람이 감옥행을 각오하고 발언해야 하는 모순이었다. 이런 난관을 넘어서기 위해 변호인단이 전원 사퇴하고 피고인들이 직접 자신의 변호를 맡는 전략을 택했다.

이 전략을 실행에 옮기는 데 만델라와 두마 노크웨Duma Nokwe의 역할이 중요했다. 다른 피고인들은 변호사 경력이 있는 이 두 사람의 자문을 받아 심리 과정을 최대한 길게 끌고 가야 했다. 계엄령은 어느 시점에 해제될 수밖에 없으며 그때엔 변호인단이 돌아올 수 있다는 계산이었다.

최근 3년 동안 정치사회활동을 금지당한 만델라에겐 이 재판이

ANC와 자신의 정치 철학과 비전을 정부와 언론에게 전할 수 있는 기회였다. 심리 과정에서 오간 공방이 정치인의 언론 인터뷰를 방불케 했다. 만델라의 다음과 같은 발언이 남아프리카 정치의 앞날을 예견하는 듯했다:

"ANC가 거부운동이나 파업 등의 수단에 호소하는 것은 흑인들의 보통선거권 쟁취를 위한 것입니다. 정부도 흑인의 기본권을 부인하며 무한정 버틸 수는 없으며 결국 협상에 나서게 될 것입니다. ...,

백인들이 흑인이 주도하는 정치체제를 지금 바로 받아들이기는 어려울 것입니다. 그러나 의회의 60석 정도를 흑인이 선출하는 흑인 의원들에게 배정할 수 있을 것입니다. 그렇게 된다면 흑인사회가 불복종 운동을 멈추고, 5년 정도 그렇게 흑 · 백 간 권력 분점의 구도를 유지하며 완전한 보통선거 제도가 정착하는 미래를 전망해 볼 수 있을 것입니다. ...

백인들은 교육받지 못한 흑인들이 투표권을 제대로 행사할 수 있을지 의문을 가지지만, 투표권은 국민이 자신의 권리를 보호하기 위해 행사하는 것이며 교육수준과는 상관이 없습니다."

다른 피고인들도 검찰의 주장을 당당히 반박했다. 재판의 마지막 증인으로 등장한 매슈스 교수는 흑인 사회가 막대한 희생을 무릅쓰고 비폭력 저항의 길을 택한 것은 무엇보다도 자유를 소중히 여기기 때문임을 설파했다. 백인의 억압에 물리치고 자유를 쟁취하기 위해 앞으로도 희생을 마다하지 않을 것임을 선언했다. 그의 침착한 목소리가 법정을 숙연하게 했다.

최종 판결은 1961년 3월 29일 나왔다. 4년 이상 걸린 재판이었다. 럼프F. L. Rumpff 재판장은 차분한 목소리로 판결문을 읽었다. ANC가 현 정부와는 다른 체제의 수립을 꾀한 것도 사실이고, 조직 내부에 반제국주의나 반서방의 좌경적 색채가 있으며, 일부 지도자들이 폭력 사용의 정당성을 주장하고, 저항 캠페인 중 불법을 저지른 것도 사실이라고 했다.

그러나 재판 과정에서 제시된 증거와 증언, 그리고 다른 사실 관계로 판단할 때 ANC가 폭력으로 국가를 전복하는 전략을 취한 것으로는 볼 수 없으며, 검찰은 ANC가 공산주의 조직이며 「자유의 헌장」이 공산주의 국가의 건설을 위한 것임을 증명하지 못했으므로 피고인 전원에게 무죄를 선고한다고 판시했다.

ANC의 승리였다. 럼프 재판장은 아프리카너 비밀 결사인 브루더본드Broederbond의 일원으로 알려져 있었다. 케네디Kennedy 판사는 유력한 국민당원이었다. 이들의 이런 정치 성향에도 불구하고 판결은 선입견에 휘둘리지 않고 법리에 충실했다. 당시의 남아프리카 체제에서 법원은 법치의 원리가 그나마 살아 있고 흑인들의 호소가 받아들여질 수 있는 유일한 곳이었는지 모른다.

# 06

# 민족의 창

Nelson Rolihlahla Mandela

## 위니

반역 협의에 대한 예비심사가 진행되고 있던 때 만델라는 그의 새 배우자이자 정치적 동지가 될 여인을 만나게 된다. 위니Winnie라는 애칭으로 더 잘 알려진 놈자모 위니프레드 마디키젤라Nomzamo Winifred Madikizela였다. 그녀는 탬보의 아내 아델라이데Adelaide와 친한 사이로 소웨토Soweto의 한 병원에서 일하는 사회복지사였다. 트란스케이 지방의 만델라의 고향과도 멀지 않은 음퐁도Mpondo 태생으로서 아버지 콜럼버스 마디키젤라Columbus Madikizela는 교육자 출신 사업가였다. 아버지는 감리교 신자로서 딸의 교육에 정성을 기울였다. 위니가 고등학교를 졸업한 후 얀 호프마이르 사회사업대학Jan Hofmeyr School of Social Work에 진학케 했다. 2년 후 위니는 전문대학을 수료한 남아프리카 최초의 여성 사회복지사가 됐다.

올리버 탬보를 통해 위니를 알게 된 만델라는 그녀를 다시 만날 수 있는 구실을 찾아냈다. 얀 호프마이르 대학에서 반역 혐의 재판의 변호 기금을 모금할 수 있도록 도와달라며 점심에 초대했다. 이렇게 두 사람의 만남이 시작됐다. 만델라는 바로 위니에게 빠져들었다. 그녀의 개성과 열정이 그를 사로잡았다. 만델라가 위니의 16살 연상이었으나 두 사람 사이엔 서로 통하는 그 무엇이 있었다. 만델라의 아이들 템비, 마카토, 마카지웨도 같이 만났다. 그리고 ANC 동료들과의 모임에도 자리를 함께 했다. 위니도 동지가 돼 가고 있었다. 에블린과의 이혼 절차가 마무리되자 결혼을 서둘렀다.

1958년 6월 14일 위니의 고향 음퐁도에서 가례를 올렸다. 마을회관에서 열린 피로연에서 위니의 아버지가 딸에 대한 사랑, 사위의 나라에 대한 헌신, 그리고 신랑신부의 험난한 앞날에 대해 이야기했다. "남편이 마법사면 아내는 마녀가 될 수밖에 없다"고 했다. 남편이 어떤 길을 가든 아내는 그 길을 따라야 한다는 가르침이었다.

위니는 남편의 정치적 동지가 됐다. ANC 여성연맹의 서부 올란도 Orlando West 지부에 가담하여 민권운동의 일선에 나서게 된다. 직장을 잃을 수 있을 뿐 아니라 체포와 구금을 각오해야 하는 위험한 일이었다. 사실 결혼한 지 몇 달 지나지 않아 2주간의 구금을 경험했다. 당시 정부의 흑인 여성에 대한 통행증 강요가 중요한 쟁점이었다. 당국은 요하네스버그의 통행증 거부 집회에 참여한 수백 명의 여성을 모두 체포하여 구금했다. 위니는 당시 임신한 몸이었다.

## 지하로 잠복하다

반역 혐의 재판의 최종 판결이 나오기 전 ANC는 중대한 결정을 내려야 했다. 최근 수년간 일어난 일에 비추어 아파르트헤이트는 점차 강화될 조짐이었다. ANC와 PAC는 이미 불법화되었다. 재판의 결과가 어떻게 되든 조직의 정상적인 활동이 불가능하게 됐다. ANC는 이제 지하 조직이 될 수밖에 없었다. ANC는 지휘 체계를 재정비했다. 총회, 지부 회의, 공공 집회 등이 불가능해진 탓이었다. 청년연맹과 여성연맹 등의 방계 조직을 중앙조직으로 흡수했다. 조직이 이제 만델라 플랜Mandela Plan에 따라 기능해야 할 상황이었다.

트란스발 대법원의 판결이 나오자 만델라는 지하로 잠복했다. 이제 정상적인 가정생활도 변호사 업무도 불가능하게 됐다. 위니는 현실을 차분히 받아들였다. 아들 마카토, 딸 마카지웨와 몇 시간을 함께 지낸 후 집에 돌아와 위니와 어린 두 딸에게 작별을 고했다. 큰 아들 템비는 트란스케이에서 학교를 다니고 있어 만날 수 없었다.

지하에서 살아남기 위해서는 사람들의 눈에 띄지 않아야 한다. 몸을 바로 세워 걷지 않으며 목소리도 낮춘다. 어떤 상황에서든 앞에 나서지 않으며 다른 사람의 기대에 응하도록 한다. 만델라는 이렇게 낮 시간을 보내고 밤이면 동지들을 만났다. 운전기사로 변장하여 이동하는 경우가 많았다. 푸른 작업복에 작업모를 쓰고 차를 몰았다. 콧수염을 기르고 안경을 썼다. 그가 잠적한 후 수배령이 내려져 있었다. 때로는 가공된 그의 행적에 대한 이야기가 신문의 전면을 장

식했다

만델라는 ANC가 계획하고 있는 일들을 수시로 공중전화를 통해 기자들에게 알렸다. 당국에서 미처 파악하지 못했던 ANC의 움직임과 여기저기 나타났다 사라지는 만델라의 동정이 언론을 통해 '검은 핌퍼넬'의 신화가 됐다. '검은 핌퍼넬'은 프랑스 혁명을 다룬 한 소설의 주인공의 '주홍 핌퍼넬Scarlet Pimpernel'이란 호칭에서 따온 것이었다.

한번은 만델라의 간담이 서늘해진 일이 있었다. 시내에서 차를 몰다가 신호대기 중 왼쪽을 돌아보니 바로 옆 차에 슈펭글러Spengler 대령이 앉아 있지 않은가? 위트워터즈랜드 경찰의 보안과장이었다. 그가 변장한 만델라를 알아보지 못했기에 망정이지 하마터면 그의 지하 활동이 여기서 끝날 뻔했다.

어느 날 오후 이런 일도 있었다. 요하네스버그의 한 외곽 길모퉁이에서 그를 데려갈 차를 기다리고 서 있는데 흑인 경찰관이 만델라를 알아보았다는 듯이 다가오고 있었다. 도망갈 길이 있는지 돌아보는 사이 경찰관은 다가와 싱긋이 웃고 있었다. 그는 은근히 엄지를 치켜세우며 ANC 인사를 하지 않는가? 그러고는 자기의 갈 길을 갔다.

많은 흑인 경찰관이 내심 ANC를 지지하고 있었다. 위니에게 경찰의 동정을 알려주는 흑인 경사가 있었다. "오는 수요일 밤 알렉산드라에 경찰의 일제검거가 있을 예정이니 마디바Madiba는 그곳을 피해야 할 것"이라는 식의 제보였다. 마디바는 만델라의 씨족 이름으로 그에 대한 친근한 존칭이기도 했다.

해가 지면 약속된 장소에서 동지들을 만났다. ANC는 백인 정권의 '공화국의 날' 기념일인 5월 29일을 기한 전국적인 사흘간의 출근 거부stay-at-home 파업을 조직하고 있었다. 만델라는 케이프타운, 포트엘리자베드, 더반 등지를 순회하며 지방의 준비 상황을 점검하고 지도자들과 전략을 협의했다.

베어우드 정부는 흑인 사회의 이런 움직임을 용납하지 않겠다는 결의였다. 파업이 시작되기 이틀 전 대규모의 무력시위가 펼쳐졌다. 군에 총동원령을 내리고 흑인 주거 지역에 군부대가 배치됐다. 사라센 탱크가 주택지의 비포장도로를 휩쓸고 밤엔 헬리콥터가 서치라이트search light를 내리 비추었다. 어떠한 집회도 해산시킬 태세였다.

당국은 언론도 강하게 압박했다. 이번 출근 거부 계획을 널리 보도했던 영자 신문들이 파업 바로 전날 일제히 정상 출근을 권고하고 나섰다. 이때 PAC의 행동이 더욱 당혹스러웠다. 수천 장의 삐라를 날려 ANC 지도자들을 '겁쟁이'라고 조롱하며 이번 출근 거부의 어리석음을 비난했다.

파업 첫날인 5월 29일 수십만의 근로자가 집에 머물렀다. 요하네스버그에선 전 흑인 근로자의 반 이상이, 포트엘리자베드에선 그 이상이 출근을 거부했다. 더반과 케이프의 인도계, 혼혈 노동자들도 동조했다. 백인의 공화국의 날Republic Day 기념일이 피압박 민족의 저항으로 얼룩졌다.

만델라는 언론을 통해 흑인 사회가 당국의 압박에 굴복하지 않았다고 선언했다. 그러나 전국적인 호응을 규모로 보아서는 이번 파업이 성공을 거둔 것으로 보기 어려웠다. 정부의 압박과 무력시위가 어느 정도의 성과를 거둔 것으로도 볼 수 있었다. 비폭력 저항의 한계가 드러나는 듯했다.

## 양면 전략

비폭력 저항만으로는 정부의 태도를 바꿀 수 없었다. 만델라는 자유를 위한 투쟁을 포기하지 않는다면 제한적인 무력의 사용이 불가피함을 깨닫는다. 무장 투쟁의 필요성을 ANC 지도부에 건의했다. 월터 시술루는 만델라의 견해에 동조하는 편이었다. 그러나 조직의 정체성과 관련된 비폭력 투쟁의 슬로건을 접을 수는 없었다. 최근 반역혐의 재판에서도 ANC의 비폭력 원칙이 피고인들의 무고함을 입증하는 중요한 근거가 되지 않았던가? 루툴리 의장은 만델라의 주장을 수긍하면서도 '평화적인 수단에 의한 자유의 쟁취'라는 대의를 저버릴 수 없었다.

결국 원칙을 지키면서 새로운 전략을 수용하는 타협책이 나오게 된다. 새로운 무장 투쟁 조직을 구성하되 이 조직은 ANC와 연계돼 있으면서도 독자적 단위로 운영한다는 방안이었다. 만델라가 이 조직의 구성과 운영을 맡기로 했다.

만델라는 군대 생활의 경험도 적을 향해 총을 겨누어 본 적도 없었다. 이제 무장투쟁을 지휘해야 할 막중한 임부를 지고 많은 사람들의 도움을 받아야 했다. 먼저 조 슬로보Joe Slovo를 영입했다. 그와 월터 시술루, 그리고 자신이 새 조직의 최고사령부를 맡기로 했다. 조직의 명칭을 '민족의 창'The Spear of the Nation, 아프리카어로 Umkonto we Sizwe, 약칭 MK으로 했다. 아프리카인은 수백 년 동안 창을 유일한 무기로 유럽인의 침략에 맞서왔다.

군사에 문외한이었던 만델라는 서적을 통해 무장 투쟁의 역사와 이론을 공부했다. 아프리카 부족 서로간의 전쟁, 흑인과 백인 간의 전쟁, 그리고 백인 서로간의 전쟁에 대해 읽었다. 데니스 라이츠Deneys Reitz의 '특공대'Commando, 그리고 메나헴 베긴Menachem Begin의 '저항'The Revolt은 서로 다른 국제정치적 맥락과 지리적 여건에서 펼쳐지는 게릴라전의 양상을 분석하고 있었다.

클라우제비츠Clausewitz의 '전쟁론'On War에 담긴 "전쟁은 외교의 연장"이라는 말이 특히 만델라의 마음에 와 닿았다. 그가 생각하는 무장투쟁의 목적은 정부와 무력으로 맞서 싸우자는 것이 아니라  정부를 협상 테이블로 이끌어 내는 데 있었다.

만델라는 1961년 6월 26일 '자유의 날'을 기념하여 남아프리카의 여러 언론을 통해 정부에게 새 헌법 제정을 위한 국민 총회a national constitutional convention의 개최를 촉구했다. 정부가 이와 같은 요구에 응하지 않을 경우 전국적 비협력 운동이 전개될 것임을 선언했다. 국민들에게는 그와 길을 같이 할 것을 지하에서 호소했다. 투쟁의 양상이 전과 같지 않을 것임을 예고했다:

> "제가 인정하지 않는 정부의 체포령에 응할 수 없습니다. ... 막대한 위험을 무릅쓰고 가족과 직장을 떠나 지하에서 자유를 위해 싸우기로 했습니다. ... 여러분은 저와 길을 같이 하시겠습니까, 아니면 국민의 여망을 억압하는 정부에 협력하시겠습니까? ... 고난과 투쟁을 통해서만이 자유를 쟁취할 수 있습니다. 저는 생의 마지막 날까지 자유를 위해 싸울 것입니다."

지하로 잠적한 후 몇 달 동안 여기저기로 거처를 옮겨야 했다. 약 두 달간 시내에서 멀지 않은 볼피 코데시Wolfie Kodesh의 원룸 아파트에 기거했다. 낮에는 아파트에 머물며 독서와 전략 구상에 몰두하고 해가 진 후 동지들과 회합했다. 코데시는 민주회의The Congress of Democrats의 일원으로 『뉴에이지The New Age』의 기자였다. 그는 2차 대전 중 북아프리카와 이탈리아 전선에서 복무한 예비역으로 군사 이론에도 일가견이 있어 만델라에게 많은 도움이 됐다.

이후 요하네스버그의 한 의사 댁에 머물렀다. 방문객이 있을 경우 이 집의 정원사가 됐다. 그리고는 한 2주 동안 나탈의 한 사탕수수 농장에서 정부의 토지 조사관으로 변장하여 지냈다. 밤에는 지방 지도자들이 와 만델라와 회합하는 것을 보면서도 농장의 흑인 노동자들과 가족들은 만델라의 정체에 대해 묻지 않았다.

ANC는 요하네스버그 북쪽 근교 리보니아Rivonia의 한 농장을 매입하여 그 저택과 부속 시설을 수리 중이었다. 릴리스리프 농장Lilliesleaf Farm으로 불린 곳으로 조직의 지하 활동을 위한 안가安家로 사용하기 위해서였다. 만델라는 데이비드 모차야미David Motsayami라는 가명의 시설 관리인이 되어 이곳으로 이사했다. 몇 주 후 레이먼드 믈라바Raymond Mhlaba가 MK의 일원으로 합류했다. 믈라바는 조 슬로보, 월터 시술루와 함께 MK 헌장The MK Constitution을 기초하는 작업에 힘을 보탰다.

저택의 수리가 끝나 아서 골드리치Arthur Goldreich 일가가 이사왔다.

조직의 활동을 은폐하기 위해 디자이너가 본업인 그가 입주자가 된 것이었다. 그도 민주회의의 일원이었고 내막으로는 MK의 창설 멤버 중 한 사람이었다. 물론 당국은 이런 사실을 몰랐고 그가 조사나 수색의 대상이 된 적이 없었다.

그리고 젤리만Jelliman 씨가 들어와 농장 감독관이 됐다. 그는 농장에서 일할 여러 젊은이들도 데려와 릴리스리프가 이 지방의 다른 농장과 다를 바 없는 모양을 갖추게 됐다. 젤리만 씨는 ANC의 회원은 아니었으나 사려 깊은 농장 관리인의 역할을 훌륭히 해냈다. 훗날 만델라를 위해 생명의 위험을 무릅쓰게 된다.

## 사보타지

무장투쟁은 사보타지, 게릴라전, 테러, 전면적인 혁명 등의 단계를 생각할 수 있었다. 전면적인 혁명은 지금과 같은 조직으로는 시도하기 어려울 뿐만 아니라 사회 질서를 뒤흔들며 대규모의 폭력을 수반할 것이므로 바람직하지 않았다. 테러는 도덕적으로 합리화될 수 없으며 운동에 대한 국민적 지지의 기반을 허물어뜨릴 수 있었다. 게릴라전은 평화적 수단으로 자유를 쟁취하고자 하는 ANC의 원칙에 맞지 않았다. 지금으로서는 인명의 살상을 피하며 저항의 결의를 보여줄 수 있는 사보타지가 최선의 전략이었다.

인명의 살상을 초래하지 않으므로 훗날 흑백 간 화해의 길이 막히지 않을 것이다. 보어 전쟁 후 오랜 세월이 지났으나 영국인과 아프리카너 간의 원한이 씻기지 않고 있다. 흑백간의 내전이 벌어진다면 이후의 인종 관계가 어떻게 될 것인가? 만델라는 이런 생각을 하며, 또한 MK의 제한된 인적, 물적 자원을 감안하여, 사보타지가 지금으로서는 최선의 전술일 것으로 판단했다.

교통 · 통신 시설이나 발전소 등을 선별적으로 타격하여 아파르트헤이트 정책이 정부 기능의 약화를 초래할 수 있음을 보여줄 참이었다. 이렇게 사회가 불안해지면 외국인 투자가 줄어들 것이고 경제 운영도 어려워질 것이다. 이런 상황이 장기화되면 정부가 협상 테이블로 나오지 않을 수 없을 것이라는 계산이었다.

MK는 최고사령부National High Command를 정점으로 각 주province에 지역사령부Regional Command를 두고 그 아래 지방사령부Local Command와 행동대cell로 구성됐다. 최고사령부에서 전략 · 전술을 기획하고 재정을 관리하며 훈련 프로그램을 운영했다. 최고사령부에서 정한 틀 내에서 지역사령부가 타격의 목표물을 선별하고 지방사령부의 행동대에서 작전을 수행하는 체제였다. 작전을 실행에 옮기는 요원의 무장을 금했다. 생명을 위태롭게 할 수 있는 어떠한 행동도 허용하지 않았다.

1961년 12월 16일 이른 아침 MK가 그 존재를 행동으로 알렸다. 요하네스버그, 포트엘리자베드, 그리고 더반의 발전소와 관공서에 사제 폭탄이 터졌다. 동시에 전국에 뿌려진 MK 선언문MK Manifesto을 통해 '민족의 창'의 발족을 선언했다:

> " '민족의 창'이 오늘 아파르트헤이트와 인종차별 정책에 저항하며 정부의 시설을 타격했습니다. '민족의 창'은 남아프리카 각계의 모든 인종이 참여하는 독립 기구로서 새로운 방법으로 자유와 민주주의를 위해 싸울 것입니다. ...
>
> 한 민족이 불의에 굴복할 것인가, 아니면 저항해야 할 것인가를 선택해야할 때가 있습니다. 남아프리카가 지금 그런 선택의 기로에 놓여 있습니다. 우리는 굴복하지 않을 것이며 우리는 우리 민족의 미래와 자유를 위해 모든 수단을 동원하여 저항할 것입니다. ...
>
> 우리는 무력 충돌과 유혈 없이 자유를 쟁취하고자 했습니다. 우리는 이 번 '첫 행동'을 통해 국민당 정부의 부당한 정책이 국가적 재난을 초래할 수 있다는 사실을 일깨우고자 합니다. 정부와 그 지지자들이 너무 늦기 전에 이성을 되찾아 바른 길로 들어서길 희망합니다."

12월 16일은 '딩가네의날'Dingane's Day이었다. 백인들이 1838년 줄루의 왕제王弟 딩가네가 이끈 대군을 섬멸한 것을 기념하는 날이었다. 아프리카너 군대의 총탄을 줄루의 창이 감당할 수 없었다. 흑인 전사들이 흘린 피가 강을 붉게 물들인 탓에 '혈강의 전투'The Battle of Blood River로 기록되고 있다. 훗날 백인들은 '승리'를 기념하고, 흑인들은 '민족의 학살'을 추도하는 날이 됐다.

또한 이날 루툴리 의장이 오슬로에서 노벨 평화상을 수상하고 귀국했다. 평화상과 사제 폭탄의 폭발은 어울리지 않는 조합이었다. 국민당 정부는 이중의 과제를 안게 됐다. 노벨 평화상은 ANC 운동에 대한 국제사회의 광범한 지지를 의미했다. 루툴리 의장을 위험한 공산주의 선동가로 선전해온 정권에게 큰 타격을 안겨주었다. 그가 평화상을 받고 돌아온 날 MK가 그 새로운 결의를 행동으로 옮겼으니 정부가 당황할 수밖에 없었다.

2주 후인 12월 31일 밤 제2의 연쇄 폭파가 남아프리카를 흔들었다. 제야의 종소리가 과거와 같지 않을 새해를 알리고 있었다. 백인이 절대 우위를 강점하는 사회가 영원할 수 없었다.

## 범아프리카 연대

범아프리카 자유운동Pan African Freedom Movement for East, Central and Southern

Africa, PAFMECSA은 ANC를 1962년 2월 아디스아바바Addis Ababa에서 열릴 총회에 초청했다. 훗날 아프리카연합기구Organization of African Unity, OAU로 발전하는 PAFMECSA는 아프리카 해방 운동을 지원하며 신생 독립 국간의 연대를 도모하는 모임이었다. ANC는 초청을 바로 수락했다. 이번 총회가 이웃 국가들과의 유대를 발전시킬 수 있는 소중한 기회였다.

ANC는 만델라를 단장으로 올리버 탬보와 조 매슈스가 동행하는 사절단을 파견했다. 주변국으로부터 MK를 위한 정치적, 재정적, 그리고 요원 훈련 지원도 이끌어낼 수 있으리라는 기대도 없지 않았다.

만델라의 첫 해외여행이었다. 먼저 탄자니아당시는 탕가니카 Tanganyika라고 했다로 건너가 다르 에스 살람Dar es Salaam에서 항공편으로 아디스아바바로 가는 여정이었다. 이번 여행 중 이웃 여러 나라를 순방하며 각국 지도자들을 만나 ANC의 활동과 위상을 알리고 가능한 협력을 이끌어내고자 했다.

남아프리카 정부가 여권을 발급해줄 리 없으므로 ANC 의장 명의의 신임장이 이를 대신했다. 비밀리에 마련된 소형 비행기 편으로 국경을 넘어 탄자니아의 작은 도시 음베야Mbeya에 도착했다. 이곳 호텔에 들어서니 남아프리카에서는 보지 못한 광경이 펼쳐졌다. 흑인과 백인이 섞여 앉아 담소를 나누고 있었고, 백인 종업원이 흑인 고객을 맞고 있었다. 흑인이 통치하는 나라에 왔음을 실감했다. 자신이 처음으로 자유인이 된 듯했다.

이튿날 다르 에스 살람에 도착하여 새로 독립한 이 나라의 초대 대통령 쥴리우스 니에레레Julius Nyerere를 만났다. 만델라는 ANC의 현황과 최근 발족한 MK의 포부에 대해 설명하며 지원을 요청했다. 그런데 그의 반응이 의외였다. PAC의 소부크웨Sobukwe가 감옥에서 나올 때까지 무장투쟁을 멈추는 것이 좋겠다는 것이었다.

이 대목에서 만델라는 ANC의 철학보다 PAC의 활동이 해외에 더 잘 알려져 있음을 직감했다. 아마도 샤퍼빌 학살 사건이 PAC의 투쟁적 이미지를 굳어지게 한 듯했다. 만델라는 PAC의 문제와 한계를 소상히 설명하며 MK가 활동을 멈춘다면 흑인해방운동 전체가 침체에 빠지게 될 것이라며 설득했다. 니에레레 대통령은 만델라의 긴 설명을 듣고 수긍하는 태도였다. 에티오피아의 하일레 셀라시에Haile Selassie 황제에게 소개장을 써 주겠다고 했다.

올리버 탬보는 가나, 이집트, 탄자니아, 그리고 영국에 ANC 지부를 설치하여 현지 인사들과의 협력 통로를 구축하고 있었다. 만델라는 그와 아크라Accra에서 합류하여 아디스로 동행하게 돼 있었다. 자신과 모든 것을 같이 한 동지를 2년 만에 만나게 됐다.

아디스로 가는 비행기 안에서 가우어 라데베Gaur Radebe와 몇몇 PAC

인사들을 만났다. 라데베가 ANC를 떠나 PAC에 몸담게 된 것이 의외였으나 자신을 정치의 세계로 인도한 옛 동지를 만나게 되어 감회가 새로웠다. 다른 PAC 사람들과도 서로 다른 점보다는 공유하는 점이 많았다.

하르툼Khartoum에서 에티오피아 항공사Ethiopian Airways의 비행기로 갈아타는데 조종사가 흑인이었다. 아니, 흑인도 항공기를 조종하는가? 순간적으로 떠오른 생각이었다. 만델라는 곧 자신이 무의식중에 아파르트헤이트적 사고에 젖어 있었음을 깨달았다. 남아프리카에서 조종사는 백인의 직업이었다.

역사적으로 아비씨니아Abyssinia로 알려진 에티오피아Ethiopia는 아프리카 민족주의의 시조라 할 수 있다. 기원전 솔로몬 왕과 시바 여왕 사이에 태어난 아들이 이 왕국을 세운 것으로 전해진다. 역사의 고비고비마다 외세의 침략에 맞서 저항했다. 19세기 중 메네리크Menelik는 이탈리아를 물리쳤다. 1930년 하일레 셀라시에가 황제로 등극하며 이 나라 현대사의 장을 열었다. 1936년 무솔리니 군에 점령당했으나 5년 후 연합군이 이탈리아를 몰아내며 망명길에 올랐던 황제가 돌아왔다.

만델라에게 에티오피아는 이렇게 전설 속의 나라였다. 그러나 그가 현지에서 본 에티오피아는 현대 민주주의의 모델이라고는 할 수 없었다. 정당도 의회도 존재하지 않았고 오직 황제의 위엄이 군림하는 나라였다. 환영 열병식 후 범아프리카 총회가 개최됐다. 황제의 축사에 바로 이어 만델라가 연설하는 순서였다. 이렇게 대회의 각광을 받게 된 것은 행운이었다. 드디어 데이비드 모차야미의 가면을 벗어던지고 넬슨 만델라 본연의 목소리를 만방에 전할 수 있는 기회였다.

그는 남아프리카 흑인해방운동의 역사를 되돌아보며 백인 정권이 1921년 저지른 불호크Bulhoek 학살과 그 40년 후의 샤퍼빌 사건을 회고했다. 총회에 참석한 여러 나라들이 남아프리카 정부에 압력을 행사한 데 감사하며 특히 가나, 나이지리아, 탄자니아가 남아프리카를 영연방The British Commonwealth에서 축출하는 데 앞장선 것을 치하했다.

ANC가 평화적으로 뜻을 펼 수 있는 길이 막혀 MK가 탄생하게 됐음을 설명했다. 비폭력의 방법으로 목적을 이룰 수 없게 된 상황에서 새로운 수단을 강구하지 않는다면 이는 국민을 배신하는 일이 될 것이라고 했다. 그는 자유를 쟁취하기까지 모국을 떠나지 않을 것임을 국민에게 약속했으며, 이 총회가 끝나면 바로 남아프리카로 돌아가 투쟁을 계속할 것임을 선언했다.

총회의 반응은 우호적이었다. 아프리카 국가들은 이웃 나라의 무력 분쟁에 개입하지 않으려는 경향이 있었다. 그러나 만델라의 연설은 남아프리카 흑인사회가 당면한 특수한 여건, ANC의 오랜 세월에 걸친 비폭력 투쟁, 그리고 MK가 등장할 수밖에 없었던 최근의 사정을 밝히는 데 모자람이 없었다.

만델라와 탬보는 총회에 참석한 북로데시아Northern Rhodesia 독립운동 지도자며 훗날 잠비아Zambia의 대통령이 되는 케네스 카운다Kenneth Kaunda와 면담하는 가운데 많은 아프리카 지도자들이 ANC와 공산주의자들과의 연대에 우려하고 있는 사실을 알게 됐다. 나중 다른 곳에서도 이런 사실을 거듭 확인했다.

회의가 성공적으로 끝나고 만델라, 올리버 탬보, 로버트 레샤는 카이로로 날아갔다. 카이로 박물관에 전시된 내용은 아프리카가 서방에 견줄만한 문명의 역사가 없다는 백인의 주장을 뒤엎기에 손색이 없었다. 그리고 나세르Nasser 대통령이 건설한 현대 이집트는 아프리카 신생국의 한 모델이 될 수 있을 것 같았다. 토지 사유의 제한, 일부 경제 부문의 국영화, 빠른 산업 발전, 교육의 민주화, 그리고 군 현대화 등은 괄목할만한 업적이었다. 사실 아프리카에서 남아프리카에 비견할 만한 군사력을 갖춘 나라는 이집트뿐이었다.

그 다음 목적지는 튀니스Tunis였다. 도착 당일 튀니지 국방장관을, 이튿날은 부르기바Habib Bourguiba 대통령과 면담했다. 대통령은 매우 우호적이었다. 즉석에서 MK 대원들을 위한 훈련 제공을 약속했고 현금 5,000 파운드를 지원했다.

만델라 일행은 모로코의 라바트Rabat로 건너갔다. 이곳은 아프리카 · 유럽 · 중동 문화의 혼성체였다. 또한 이 나라는 아프리카 각처의 해방운동이 교차하는 곳이기도 했다. 알제리아 혁명군 사령부가 이곳에 있었다. 만델라 일행이 체류하는 동안 모잠비크, 앙골라, 그리고 케이프베르데Cape Verde의 투사들을 만날 수 있었다.

모로코에서 사하라 사막을 가로질러 라이베리아에 도착했다. 텁만Tubman 대통령은 무기 구입과 훈련을 위해 5천 불을 지원해 주었다. 그리고 용돈에 보태 쓰라며 현금 4백 불이 든 봉투를 건냈다. 세네갈의 셍골르Leopold Senghor 대통령은 만델라 일행을 위해 외교관 여권을

모로코에서 알제리 해방전선 회원들과 함께한 만델라(1962)

발급해 주고 런던 행 항공료를 부담해 주었다. 학자이자 시인인 그는 줄루의 영웅 샤카 왕에 대한 자료를 수집 중이라고 했다.

런던에선 옵서버The Observer의 편집장 데이비드 애스터David Astor를 만나 ANC의 포부와 전략을 설명했다. 이후 이 신문의 논조가 ANC에 호의적으로 바뀐 것을 알 수 있었다. 그를 통해 휴 게이츠켈Hugh Gaitskell 노동당 대표와 데니스 힐리Denis Healey 의원 등 유력 정치인들을 접촉했다.

올리버 탬보의 가족이 런던에 머물고 있었다. 탬보의 아내 아델라이데, 그리고 아이들과도 짧은 시간이나마 옛정을 나누었다. 이렇게 2주간을 보내고 천식으로 건강이 악화된 동지 탬보와 아쉽게 헤어져야 하는 시간이 됐다.

만델라의 이번 여정 중 마지막 부분은 6개월간으로 예정된 군사훈련이었다. 아디스아바바로 돌아가 예푸Yefu 외무장관의 안내를 받아 콜페Kolfe의 한 군부대에 도착했다. 여기서 총검술, 박격포 발사, 폭파, 소형 폭탄과 지뢰 제조법 등을 익혔다. 아침 8시부터 오후 4시까지 이어지는 강훈련이었다. 오후 4시부터 저녁까지는 군사학 이론 시간이었다. 훈련 중 만델라가 즐겼던 부분은 구보 행진이었다. 장거리 달리기는 그가 학창시절부터 좋아했던 종목이었다. 달리며 이 나라의 아름다운 풍경, 소박한 서민 생활에 가까이 다가갈 수 있었다.

두 달이 지나자 요하네스버그로 속히 귀환하라는 전갈이 왔다. 국내 상황이 급박하게 돌아가고 있는 듯했다. 급히 하르툼으로 날아가 귀국 길에 올랐다. 군사학을 강의한 타데세Tadesse 대령은 자동소총 1정과 탄환 200발을 작별 선물로 주었다. 귀국 도중 다르에스살람에서 군사훈련을 받기 위해 에티오피아로 향하던 21명의 MK 대원과 회동했다. 이들과 같이 한 저녁상에 새로 잡은 염소 한 마리가 올라왔다. 니에레레 대통령이 음베야까지의 항공편을 마련해 주었고 거기서 무사히 국경을 넘어 귀국했다.

## 체포

만델라는 새벽녘이 되어 릴리스리프 농장에 도착했다. 그날 저녁 월터 시술루, 모세스 코타네, 고반 음베키 등 동지들과 오랜만에 회동했다. 그리고 이삼일 후 귀국 인사를 겸하여 루툴리 의장을 찾았다. 이번 해외 여정의 경과를 보고하며 이웃 여러 나라 지도자들이 가졌던 ANC의 백인, 인도인, 공산주의자들과의 협력에 대한 우려를 빠트릴 수 없었다. ANC에 대한 흑인 사회의 신임이 두터운 것을 인정하면서도 PAC의 보다 순수한 흑인민족주의에 동조하는 해외의 분위기를 전했다.

인도계와 백인이 대세인 공산당과의 연대가 불가피하다 하다 하더라도 앞으로는 이들과의 협력에서 ANC가 확실한 주도권을 행사해야 한다는 의견을 내놓았다. 자신이 ANC 정책의 근본적인 변화를 요구하는 것은 아니며 조직의 대외적 이미지 개선을 위한 건의라며 부연 설명했다. 미묘한 사안이어서 루툴리 의장이 그 자리에서 무슨 결론을 내리진 않았다.

루툴리 의장을 만난 그날 저녁 더반에서 활동하는 사진기자 나이두G. R. Naidoo 동지의 집에서 미어 내외Ismail & Fatima Meer, 몬티 네이커Monty Naicker, 싱J. N. Singh 등이 모여 환영 겸 환송 파티를 열어주었다.

이튿날 백인 연극 감독이며 MK 대원으로 가담한 세실 윌리엄즈Cecil Williams의 오스틴 자동차를 타고 요하네스버그로 향하고 있었다. 만델라는 다시 운전기사로 변장했고 두 사람이 번갈아가며 운전대를 잡았다. 피터마리츠버그Pietermaritzburg를 지나 세다라Cedara 마을을 통과할 때 막 앞질러 지나간 큰 포드 자동차가 정지하라는 신호를 보내고 있었다. 순간적으로 뒤를 돌아보니 같은 형의 차 두 대가 다가오고 있었다. 앞뒤의 차가 모두 만델라가 이곳을 통과하길 기다리고 있던 보안 경찰을 태우고 있었다. 이렇게 만델라의 잠적 활동이 끝났다. 1962년 8월 5일이었다.

# 07

# 정부를 심판하다

Nelson Rolihlahla Mandela

## 정의의 화신

만델라는 요하네스버그로 이송되어 다시 마샬스퀘어에 수감됐다. 독방에서 앞으로의 전략을 구상하고 있던 중 옆방에서 기침 소리가 들려왔다. 어쩐지 그의 귀에 익은 소리였다. 월터 시술루였다. 두 사람이 같은 날 체포되어 이곳에 같이 있게 된 것이었다. 놀라기도 하고 실망스럽기도 하고 반갑기도 했다. 귀국 후 구치소에서 그를 처음 만나다니!

이튿날 치안판사의 주재로 구속 연장을 위한 심의가 진행됐다. 판사는 만델라가 변호사로서 자주 대면한 인사였다. 참석한 검사 중에도 만델라가 아는 사람이 몇 있었다. 그들은 모두 수갑을 찬 만델라를 범법자로 대하지 않고 동료 법조인으로 대우하는 듯했다.

판사는 심의를 진행하기가 거북했다. 검사들도 사건 처리하기를 난처해했다. 이들은 만델라가 범법자가 아님을 알고 있었다. 평소라면 법정을 오갈 변호사가 정치적 신념이 다르다는 이유로 여기 수갑을 차고 앉아 있는 사실이 불편했다. 이들의 이런 태도를 보며 만델라는 생각했다: 앞으로 법정에서도 자신이 정의의 화신으로서 자유, 공정, 민주주의의 이상을 대변하겠다고.

만델라는 자신이 스스로의 변호인이 되기로 했다. 그렇게 함으로

써 앞으로의 재판은 아파르트헤이트에 대한 재판이 될 수 있을 것이었다. 자신이 피고인으로서 스스로를 변호하는 데 그치지 않고 정의의 수호자로서 아파르트헤이트 정부를 심판할 참이었다. 보석은 신청하지 않기로 했다. 그는 저항과 투쟁의 표상으로 자유를 위해 모든 고난을 감수하는 순교자가 되기로 했다.

재판은 10월 중순으로 예정돼 있었다. ANC는 만델라 석방 운동을 펼쳤다. 전국 곳곳에서 항의 집회가 열리고 '만델라 석방'의 구호가 많은 건물의 외벽을 장식했다. 정부가 만델라의 구속에 항의하는 모든 집회를 금지했으나 소용없었다. 재판이 열리는 날 법원 건물을 둘러싸고 대규모 군중집회가 예정 돼 있었다. 만델라를 태운 차량이 통과할 길 양편으로 시위대가 줄서 그를 맞기로 했다. 정부는 예고 없이 프리토리아 법원으로 재판 장소를 변경해 보았으나 만델라 지지 군중의 운집을 막을 순 없었다.

프리토리아 법원은 반역 혐의 재판이 열렸던 곳이다. 만델라는 표범가죽 망토를 두르고 법정에 들어섰다. 재판정이 코사족 전사와 백인 정부가 대결하는 무대가 될 조짐이었다. 방청석의 위니도 코사 전통의상을 입고 있었다.

반 히어덴Van Heerden 치안판사와 보쉬Bosch 검사는 만델라의 변호사 시절부터 얼굴이 익은 사람들이었다. 재판이 시작되자 만델라는 모

두발언에서부터 재판의 부당함을 주장했다:

> "이 법정에는 백인 치안판사, 백인 검사, 백인 호송관만 있지 않습니까? 이런 분위기에서 정의가 바로 설 수 있겠습니까? 왜 이 나라 역사에서 흑인은 흑인에 의해 재판받아 보지 못했던가요? …
>
> 백인만이 흑인을 재판할 수 있는 제도 하에서는 백인 정부의 정책에 영합하는 판결이 나오기 마련입니다. 그런 판결이 세계 문명사회의 일반적인 규범과 정의에 어긋남에도 불구하고. …
>
> 저는 모든 형태의 인종차별을 받아들일 수 없습니다. 저는 이에 저항하여 싸워왔고, 현재도 싸우고 있으며, 앞으로도 저의 생이 다하는 날까지 싸울 것입니다."

검사 측은 100명이 넘는 증인을 세웠다. 경찰, 언론인, 지방 행정관, 인쇄공 등 만델라가 불법 출국했으며 1961년의 출근 거부 파업을 선동했다는 죄목을 뒷받침하는 이들이었다. 만델라는 증인을 한 사람도 부르지 않았다. 검사 측의 주장을 부인할 뜻이 없었다. 그가 강조해야 할 것은 재판 자체의 부당함이었다. 이튿날 그의 발언에서도 남아프리카 사법제도를 재판했다:

> "저는 트란스케이에서 태어나 자라며 어른들로부터 이 나라의 역

사를 배웠습니다. 백인이 이주해 오기 전 남아프리카의 농토와 삼림과 지하자원은 모두 우리 것이었습니다. 우리가 정부를 세웠고 군대를 유지하며 이웃과 통상했습니다. …

모든 국민은 자유롭고 평등했으며 이런 원칙을 바탕으로 참의회가 운영됐습니다. 모든 부족 구성원이 심의에 함께할 수 있는 민주적인 기구였습니다. 부족장과 부족 구성원, 전사와 주술사 등 신분의 차별 없이 누구나 공동체의 일을 결정하는 데 참여했습니다. 부족의 모든 중요한 일은 이 기구의 심의를 거쳐야 했습니다. …

이런 원초적 민주주의가 우리 시대의 요구를 충족시키기는 어려울 것입니다. 그러나 공동체의 구성원이 사회적 지위가 안정되고 빈곤에 시달리지 않으며 누구도 다른 사람의 노예가 아닌 그런 사회였습니다. 남아프리카의 민주주의 혁명을 위한 씨앗이 그 속에 있었다고 할 수 있습니다."

만델라는 자신이 ANC에 가담한 동기를 설명하며 조직의 민주주의와 인종평등의 철학이 곧 자신의 신념임을 밝혔다. 그리고 양심과 실정법 사이의 충돌 문제를 설명했다:

"남아프리카의 흑인들은, 생각이 있는 사람이라면, 양심과 실정법 간의 갈등을 매일 경험합니다. 이는 이 나라에만 특별한 현상은 아니지요. 영국의 버트란드 러셀Bertrand Russel 경은 자신의 양심을 쫓아 정부의 핵무장 정책에 반대하다가 유죄 선고를 받았습니다. …

저도, 그리고 이 나라의 많은 흑인들도, 그와 마찬가지로 양심에 반하는 일은 할 수 없습니다. 법은 역사 발전의 산물이지만, 지금 국민당 정부가 만들어내고 있는 법들은 비도덕적이며, 정의롭지 못하고, 용납할 수 없습니다. …

우리의 양심이 이런 법을 거부하며 고쳐나갈 것을 요구하고 있습니다. 불의와 억압에 저항하며 더 나은 사회를 지향하는 것이 인간의 본성입니다."

또한 정부의 금지령, 제한, 재판 등으로 그의 가정과 직장 생활, 그리고 정치 활동이 와해되었음을 호소했다:

"저는 이 나라의 실정법에 따라 범법자가 됐습니다. 제가 저지른 행동 때문이 아니라 저의 양심과 신념 때문이었습니다. … 지난 세월 동안 아내와 아이들을 떠나야 하는, 직장생활을 그만두어야 하는 도피생활에 내몰렸습니다. 자기 나라에서 끝없이 경찰에 쫓기며 수색과 체포를 두려워하며 살았습니다. 감옥 생활보다 더 힘든 나날이었습니다. …

그러나 저는 제가 택한 길을 후회하지 않습니다. 이 나라의 다른 많은 사람들도 저와 같은 길을 택하리라고 믿습니다."

정부의 불의와 부당한 법에 대해 부단히 항의하였으나 개선의 기미가 보이지 않았으며, 정부가 비폭력 저항에 대해 폭력을 사용함으로써 사태를 악화시켰음을 지적했다. 마지막으로 어떠한 판결이 내려지더라도 자신의 신념이 변하지 않을 것임을 선언했다:

> "역사는 형벌이 양심을 길을 막을 수 없음을 보여줍니다. 수감 생활이 흑인에게 얼마나 더 가혹한지는 알고 있습니다. 그러나 그런 사실이 제가, 그리고 저의 동지들과 많은 아프리카인들이 택한 길을 바꾸지는 못할 것입니다. …
>
> 자유가 다른 아무것과도 바꿀 수 없는 최상의 목표이기 때문입니다. 저에게 어떤 판결이 내려지더라는 저는 그 형을 마치고 감옥을 나서는 순간 저의 투쟁을 계속할 것입니다. …
>
> 저는 민족과 남아프리카에 대한 의무를 다했을 뿐입니다. 후세인들은 저는 죄가 없으며 지금 이 법정에 서야 할 범죄인은 현 국민당 정부였다고 할 것입니다."

만델라가 말을 마치자 치안판사는 10분간의 휴정 후 최종 판결을 내렸다. 예상치 못한 것은 아니었으나 무거운 형이 선고됐다. 파업 선동에 대해 3년, 불법 출국에 대해 2년, 합해서 5년의 징역형이었다. 만델라는 방청석을 돌아보며 "아만들라Amandla, 우리의 힘으로!"를 왜

쳤다. 군중은 "아프리카여 돌아오라Nkosi Sikelel iAfrika!"를 합창하고 많은 여인들이 울음을 터뜨렸다.

아래층에서 잠시 위니와 작별인사를 나눌 수 있는 시간이 주어졌다. 그녀는 울지도 침울하지도 않았다. 투쟁의 정의로움에 대한 믿음으로 굳건했다. 남편의 동지로 싸울 태세였다. 만델라를 태운 차가 법원을 빠져나가는 동안 군중의 함성이 가라앉지 않았다.

만델라는 프리토리아 지방교도소에 일시 수감됐다가 스티븐 테푸Stephen Tefu, 죤 개체웨John Gaetsewe, 아론 몰레테Aaron Molete 등 다른 정치범들과 함께 로벤 섬Robben Island로 옮겨졌다. 케이프 타운 외곽의 외딴 섬으로 가족이나 친지들이 면회 오기 어려운 곳이었다. 섬의 이름은 과거 주변 해역에서 바다표범네덜란드어로 Robben이 서식했던 데 유래했다. 한때 나환자 수용소였다가 정신병원, 그 후로는 해군 기지가 있던 곳이었다. 지금은 들어오면 탈옥이 불가능한 감옥으로 알려져 있었다.

섬의 분위기는 삼엄했으나 만델라, 테푸, 개체웨, 몰레테 등 넷이 함께 수감된 감방은 비교적 널찍한 공간이었다. 넓은 창문에 화장실과 샤워도 있었다. 이곳에 격리돼 있다가 며칠 후부터 작업장으로 나갔다. 작업은 지하에 설치한 파이프를 흙으로 덮는 일이었다. 작은 구릉 위의 작업장에서 자연 그대로의 섬 풍경을 볼 수 있었다.

하루의 고단한 일과를 마치고 잠을 청하고 있는데 누가 창문을 두드리는 소리가 들렸다. 창가로 가보니 자신은 블룸폰텐Bloemfontein 출신 간수라며 위니의 소식을 전해 주었다. 그러며 "담배 피우세요?"하고 물었다. 만델라가 자신은 피우지 않으나 동료들은 피운다고 하자 잠시 후 담배와 샌드위치를 가져오겠다고 했다. 잠든 동료들이 모두 깨어나서 그가 가져다준 담배를 피우고 샌드위치를 나누어 먹었다. 이 간수는 거의 매일 밤 담배와 샌드위치를 가져다주었다. 그리고 만델라와만 직접 거래한다고 했다. 바깥의 누구가 간수에게 시킨 일인 듯했다.

## 경찰국가

만델라의 재판이 진행되고 있던 1962년 10월 ANC 총회가 베쿠아나란드Bechuanaland, 오늘날의 보츠와나의 로바체Lobatse에서 열렸다. 조직이 불법화된 탓에 남아프리카 국경 밖에서 열렸다. 여기서 ANC는 MK가 산하 조직임을 밝혔다. 무장 투쟁을 ANC 정책의 일부로 공식 선언한 것이었다. ANC 창설 이래 유지해온 비폭력 투쟁의 원칙을 수정할 수 밖에 없는 상황이었다. 국민당 정부는 반투행정법이 정한 이른바 '분리 발전'의 정책을 밀어붙이고 있었다. 1963년 트란스케이는 자치주가 되어 그 입법의회를 구성하는 선거를 치렀다. 선출된 의원들의 절대 다수가 정부의 인종 분리 정책에 반대하는 이들이었다.

이 반투행정법 체제의 와해를 노린 테러 사건이 늘어났다. PAC와 느슨하게 연계된 포코Poqo, 코사말로 '독립'의 의미라는 조직이 백인과 백인 정권에 협조하는 흑인을 대상으로 한 테러의 주인공으로 알려졌다. 한편 사보타지도 이어지고 있었다.

보스터John Vorster 법무장관이 취임한 후 정부의 철권 정책이 속속 입법화됐다. 1963년 5월 '90일 구류법'Ninety Day Detention Law을 만들어 경찰이 정치 범죄의 혐의가 있는 사람을 영장 없이도 90일 동안 구금할 수 있게 했다. 경찰의 고문 등 무분별한 잔혹 행위가 늘어날 수 있는 법 환경이 조성된 것이었다. 남아프리카가 야만적 경찰국가가 됐다. 진보당The Progressive Party의 헬렌 수즈만Helen Suzman 의원만이 이 법안에 반대표를 던졌었다.

이에 앞서 사보타지법The Sabotage Act이 1962년 6월 제정됐다. 재판을 거치지 않고 가택 연금과 사회 활동 금지 등의 조치가 가능하도록 했다. 사보타지 행위에 대해선 최소 5년에서 최고 사형까지의 형벌을 가하도록 했다. 또한 사보타지의 개념을 매우 광범하게 정의하여 총기만 소지해도 이 법의 적용을 받을 수 있었다. 또 정치 활동이 금지된 이의 발언을 옮겨 실을 수 없게 했다. 만델라 같은 이의 발언을 보도하는 일이 불법화된 것이다. 그해 12월 『뉴에이지The New Age』는 출판 금지됐고, 이 같이 금지된 출판물을 소유하는 것조차 범죄가 됐다.

## 리보니아 재판

만델라는 로벤 섬에서 프리토리아 교도소로 이송됐다. 교도소는 만델라의 신변 안전을 위한 것이라며 둘러댔으나 실은 다른 이유가 있었다. 경찰이 1963년 7월 11일 릴리스리프 농장을 습격하여 MK 최고사령부의 전원을 일거에 검거했다. 전 농장을 수색했고 수백 건의 문서를 압수했다. 마이부예 작전Operation Mayibuye이라는 문서는 게릴라전 계획을 담고 있었다.

검거된 모두가 '90일 구류법'에 따라 구속됐다. 월터 시술루, 고반 음베키, 아메드 카트라다, 그리고 MK 최고사령부의 레이먼드 믈라바Raymond Mhlaba 등이 프리토리아 교도소에 수감됐다. 5년 형을 받고 9개월을 복역한 만델라는 이제 새로운 혐의가 추가되어 다시 재판을 받게 됐다.

조 슬로보와 브램 피셔는 다행히도 현장에서 검거되지 않아 동지들의 변호를 맡을 수 있게 됐다. 피셔는 앞으로의 재판에 대해 매우 비관적이었다. 검찰 측으로부터 사보타지에 대한 법정 최고형, 즉 사형을 요구할 수 있다는 언질이 있었다. 만델라와 동지들은 이제 교수대의 위협 아래 재판을 받게 된다.

1963년 10월 9일 프리토리아 대법원에서 재판이 시작됐다. 법정 인근에 19세기 영국 제국주의에 맞서 싸웠던 아프리카너 영웅 폴 크루거Paul Kruger의 동상이 서있다. 동상 아래 새겨진 비명에 그의 연설한 구절이 새겨져 있다: "굳은 신념으로 우리의 대의大義를 밝힌다. 우리가 이기든 죽든 자유는 아침 해와 같이 솟아오를 것이다."

법원의 경비는 삼엄했다. 기관총을 든 경찰이 건물 안팎을 지키고 있었다. 만델라와 동료들이 차량에서 내리자 지지 군중이 환호하며 노래했다. 이 역사적 현장을 지켜보기 위해 많은 시민들, 내외신 기자들과 외교관들이 방청석을 메웠다. 만델라의 수척한 모습이 지지자들의 마음을 무겁게 했다. 이 감옥 저 감옥을 오가며 체중이 12킬로나 줄고 카키색 짧은 바지에 샌들을 신고 있었다.

재판 첫날 위니의 모습이 보이지 않았다. 나중에 알고 보니 그녀에게 정치 활동 금지령이 내려져 요하네스버그를 떠날 수 없게 된 탓이었다. 만델라의 집이 수색당하고 위니의 친척 한 사람도 구속됐다. '90일 구류법'은 이런 압박을 위한 것이었다. 시술루의 아내 알베르티

나와 아들 막스도 같은 고초를 겪었다.

재판장은 콰르투스 드 웨트Quartus de Wet 판사였다. 통합당 정부가 임명한 이로 현 정권이 마음대로 할 수 있는 인물이 아니었다. 검사는 퍼시 유타르Percy Yutar 트란스발 검찰차장이었다. 검찰은 만델라를 포함한 11인을 남아프리카의 폭력 혁명과 무장 점령을 유도하기 위한 200여 건의 사보타지 혐의로 기소했다. 정부를 전복하고자 음모를 꾸민 자들이라고 했다. 사보타지sabotage와 정부 전복 음모conspiracy to overthrow government는 반역high treason 혐의와 달리 긴 예비심사의 과정이 필요 없는 죄목이었다.

유타르 검사는 ANC가 지하로 잠복하여 사보타지를 시작으로 게릴라전 단계를 거쳐 이 나라를 무력으로 점령하는 작업에 착수했다고 주장했다. 전국에 배치될 수천의 게릴라 부대가 민중 봉기를 이끌고 궁극적으로 외국군의 도움을 받아 나라를 접수할 계획이었으며, MK가 ANC와 공산당의 지휘 아래 이런 음모를 주도하고 리보니아가 MK의 본부였다고 했다. 총 222건의 사보타지가 MK의 기획에 따른 것이었다고 했다. MK의 대원 모집 방법, 해외로부터의 자금 조달 등에 대해서도 설명했다. 리보니아에 무선 통신 시설을 설치하고 여러 유형의 폭탄을 제조한 사실도 들었다.

검찰 측은 173명의 증인을 내세우고 수천 건의 서적, 서류, 사진

지도, 여권 등을 증거물로 제시했다. 검사가 자신 있게 내세운 증인 중 브루노 므톨로Bruno Mtolo가 있었다. 그는 더반의 줄루족 출신으로 MK 나탈 지부장이었다. 만델라가 해외 순방에서 돌아와 그를 지부의 대원들과 함께 만난 적이 있었다. 므톨로는 시 청사, 고압선 철탑, 전선을 폭파한 자신의 경험을 진술했다. MK가 어떻게 지하에서 움직였는지, 그리고 폭탄, 지뢰, 수류탄이 어떻게 작동하는지도 상세히 그려냈다. 자신은 대의를 좇아 ANC에 가담했으나 ANC와 MK가 공산당의 앞잡이라는 사실을 알고 조직을 이탈했다고 했다. 검사가 그를 심문하는 데만 사흘이 걸렸다.

사실과 다른 내용을 이야기하는 대목에서 그의 진술이 당국의 사주에 의한 것임이 드러났다. 만델라가 MK 대원들에게 공산주의를 설파했다는 것은 사실이 아니었다. 반대 심문 과정에서 그의 범죄 전력이 드러났다. MK에 가담하기 전 절도범으로 세 차례나 교도소를 다녀온 자였다.

핵심적인 증거물은 여섯 페이지로 된 '마이부예 작전'Operation Mayibuye이라는 문건이었다. 경찰이 리보니아를 들이닥쳤을 때 MK 지도자들이 앉아있던 테이블에 놓인 서류였다. 게릴라 작전의 개시, 민중 봉기, 4개 지점 해안에의 게릴라 부대 상륙 가능성 등을 검토한 내용이었다. 국내에서 모집할 7,000명의 대원과 해외에서 훈련받은

120명의 요원이 합류하는 계획 등도 담고 있었다.

검찰 측은 ANC 집행위원회가 마이부예 작전을 승인했고 MK는 이에 따라 움직였다고 주장했다. 그러나 이는 사실과 달랐다. ANC 지도부는 이 같은 작전을 승인하지 않았다. 루툴리 의장은 이 문건을 본 적도 없었다. 피고인들이 체포될 당시 작전의 초안을 놓고 그 실현 가능성에 대해 토의한 수준이었다. 만델라의 견해로는 이 '작전'은 실현 불가능한 가상적 안에 불과했다. 게릴라전은 당시의 여건에서 실행에 옮길 수 있는 일이 아니었다.

만델라와 동지들, 그리고 변호인단은 검찰 측 주장의 허점을 파헤쳤다. ANC가 비폭력 저항의 한계를 인식하여 무장 투쟁의 길로 들어선 것은 사실이나 게릴라전엔 돌입하지 않았다. 정부를 협상 테이블로 이끌어 낼 수 있는 가능성이 사라지지 않는 한 사보타지 작전에 주력할 계획이었다. 인명 살상의 경우가 있었다면 ANC와는 관계없는 다른 조직이나 개인의 무모함에 비롯된 것이었다. 이와 같은 논지에 따라 역할을 분담하여 변호를 진행했다.

남아프리카의 법정에서 증인의 발언은 질문에 대한 답의 형식으로만 가능했다. 충분히 소견을 밝힐 수 없는 한계가 있었다. 따라서 만델라는 증언대에 서지 않고 피고인석에서 자신의 성명聲明을 발표하는 형식을 취했다. 이어서 다른 피고인들이 증언대에서 심문과 반대

심문에 응하는 순서였다. 만델라는 변호의 도덕적, 정치적 대의大義를 밝힌다.

먼저 기소 내용에 대한 기본 입장, ANC에 가담하게 된 동기, 그리고 현 재판의 핵심적인 문제인 정치적 폭력에 대한 소견을 피력했다:

"제가 1961년의 출근 거부 파업을 선동하고, 여권 없이 출국했으며, MK를 조직하는 데 중추적인 역할을 한 것은 다 사실입니다. ...

그러나 남아프리카의 자유를 위한 투쟁이 외세와 공산주의자의 영향 아래 있다는 말은 사실이 아닙니다. 저의 모든 행동은 아프리카인으로서의 자부심에서 비롯된 것입니다. 아프리카 민족의 영광을 위해 저의 보잘것없는 힘을 보태고자 ANC와 MK에 투신했습니다. ...

제가 사보타지를 계획한 것도 사실입니다. 폭력을 좋아하거나 경솔해서 그런 건 아닙니다. 정부의 오랜 세월에 걸친 폭정, 착취, 억압이 초래한 정치 상황을 냉철히 평가한 결과 나온 계획이었습니다."

자신과 MK가 파생될 문제를 생각하지 않은 채 무책임하게 움직이지 않았으며, 특히 인명 살상을 피한 점을 강조했다:

"ANC는 모든 인종이 함께하는 민주주의를 주창해왔습니다. 인종 간 분열을 심화시키는 어떠한 행동도 하지 않았습니다. 그런데 ANC

의 비폭력 원칙이 흑인을 더욱 억압하는 정부의 정책 외엔 아무것도 흑인들에게 가져다주지 못했습니다. 따라서 흑인사회에선 이제 폭력을 쓰서라도 나라를 되찾아야 한다는 말이 나오게 됐지요.

일각에선 비폭력의 원칙을 고수하는 ANC 지도부를 불신하는 이들도 생겼습니다. 테러를 주장하는 이들도 있었습니다. 나라가 흑백간의 내전으로도 치달을 수 있는 지경이었습니다. 1961년 11월 MK가 생겨난 것은 이런 배경에서였습니다. MK의 통제아래 폭력의 범위를 제한함으로써 내전을 막고자 했습니다.

내전이 일어난다면 ANC가 지키고자 했던 모든 것이 무너질 것입니다. 내전은 흑백 양측 모두에게 엄청난 인명의 희생을 초래할 것이며 인종간의 화해를 더욱 어렵게 할 것입니다. 남아프리카는 내전의 상처를 씻어내기 어렵다는 것을 보어 전쟁의 경험을 통해 잘 알고 있습니다."

그리고 ANC와 공산당의 목적이 같다는 정부의 주장을 반박했다:

"ANC의 이념은 아프리카 민족주의입니다. "백인을 몰아내자"라는 유의 흑인 중심 인종주의가 아니라 아프리카인들이 자기 땅에서 자유를 누리며 발전을 도모하자는 사상입니다. ANC가 채택한 가장 중요한 문서는 「자유의 헌장」입니다. 그 내용은 사회주의와는 거리가 멉니다. ANC는 창설 이래 한 번도 국가 경제체제의 혁명적 변화를 주장한 일도, 자본주의 사회를 부정한 적도 없습니다.

ANC는 공산당과는 달리 아프리카인만을 회원으로 받아들였습니다. 그 목적은 아프리카인들의 권리 회복과 사회 통합입니다. 반면 공산당의 주된 목적은 자본주의자들을 몰아내고 노동자 계급이 정권을 장악하는 데 있습니다. 공산당은 계급 갈등을 강조하는 반면 ANC는 계층 간의 화합을 추구합니다.

ANC가 공산당과 협력하는 것은 백인 우월 체제를 허물어야 하는 목적이 같기 때문입니다. 이와 같은 협력의 예로 2차 대전 중 미국과 영국이 나치 독일에 맞서기 위해 소련과 협력한 사실을 들 수 있겠습니다. 그런 협력이 있었다고 해서 누가 처칠이나 루즈벨트를 공산주의자라 하겠습니까?"

아울러 자신의 자유민주주의 제도에 대한 믿음을 밝힌다:

"공산주의자들은 서방의 의회 제도를 비민주적이며 반동적인 것으로 봅니다. 그러나 저는 서유럽과 미국의 정치 제도를 본받을만한 모델로 생각합니다. 대헌장Magna Carta, 권리청원The Petition of Rights, 권리장전The Bill of Rights 등은 민주주의의 옹호하는 세계 모든 나라의 범전範典이 됐습니다.

저는 영국의 의회를 세계에서 가장 민주적인 대의 기구라고 봅니다. 그리고 영국 사법부의 독립과 공정성은 다른 나라의 귀감이 되고 있습니다. 저는 미국의 의회, 행정부, 사법부가 독립성을 유지하며 서로 견제하는 제도를 매우 훌륭한 체제로 여깁니다."

남아프리카의 현실로 돌아와 흑 · 백인의 삶의 조건이 얼마나 다른지를 세세히 밝혔다. 소득, 교육, 보건 등 모든 면에서 흑인은 최저 생활 수준을 벗어나지 못하는 데 비해 백인은 세계 최고의 생활수준을 누리고 있다. 그리고 지금과 같은 제도 아래에선 그런 불균형이 시정될 수 없음을 지적했다:

"백인 우월은 흑인 열등을 의미합니다. 이런 흑백간의 관계를 영구화하는 법적 장치가 근년에 강화됐습니다.

흑인들의 빈곤을 아프리카 전체의 사회적 문제로 보아야 합니다. 흑인은 자식을 학교에 보낼 돈이 없거나 부모가 다 일을 해야 하니 자식의 교육을 돌볼 겨를이 없습니다. 따라서 아이들이 거리를 배회합니다. 문맹자가 늘고 사회의 도덕이 허물어집니다.

흑인들이 자신의 몫을 요구하지 않을 수 없습니다. 먼저 정치적 기본권을 요구합니다. 그것 없이는 흑인은 무능력 상태를 벗어날 수 없기 때문입니다. 그러나 백인은 완전한 민주주의를 두려워하는 듯합니다. 흑인이 수적으로 우세하기 때문이지요. 그러나 흑인의 투쟁, ANC의 투쟁은 인간다운 삶을 살기 위한 투쟁임을 알아야 합니다"

만델라는 읽어가던 원고를 책상에 놓고 재판장을 정면으로 바라보며 계속했다:

> "저는 일생 이 흑인의 삶을 위한 투쟁에 헌신했습니다. 백인의 지배에 항거했으며 흑인의 지배도 반대했습니다. 저는 모든 사람이 균등한 기회를 누리며 함께 조화롭게 사는 자유롭고 민주적인 사회의 이상을 추구합니다. 저는 이 이상을 이루기 위해 살 것입니다. 이 이상을 위해 필요하다면 죽음도 마다하지 않을 것입니다."

만델라는 말을 마치고 자리에 앉았다. 4시간에 걸친, 진실과 열정과 희망이 담긴 명연설이었다. 법정이 감동에 휩싸여 숙연했다. 여인들의 울음소리도 들렸다. 리보니아 재판을 하나의 드라마로 본다면 만델라의 연설이 그 클라이맥스였다. 보통의 경우라면 휴정을 선언할 만한 시간이었으나 재판장은 다음 피고인에 대한 심문 절차로 넘어갔다. 만델라의 연설이 준 감동이 가라앉길 바라는 듯이.

월터 시술루의 차례였다. 그는 마이부예 작전과 게릴라전은 ANC가 승인한 정책이 아님을 조리 있게 밝혔다. 이어서 고반 음베키, 아메드 카트라다, 러스티 번스타인이 증언대에 섰다. 이들은 다같이 ANC 활동의 도덕적 정당함을 주장했다. 이렇게 피고인 11명 전원에 대한 심문이 같은 날 끝났다.

제임스 캔터James Kantor의 경우는 ANC나 MK에 가담한 일이 없는 백인 변호사였다. 검찰이 그를 기소한 것은 진보적 성향의 변호사에 대한 핍박으로밖에 볼 수 없었다. 재판장은 캔터에 대한 기소를 각하했다.

세계가 리보니아 재판에 주목하고 있었다. 런던의 세인트폴 성당에선 철야 미사를 올리고 런던대학교는 만델라를 학생회장으로 선출했다.[1] 재판장이 판결을 내리기 이틀 전 유엔 안보이사회는 남아프리카 정부에게 피고인 전원에 대한 사면을 촉구했다. 국내에선 랜드 데일리 메일The Rand Daily Mail이 만델라의 법정 연설 전문을 실었다.

아들라이 스티븐슨Adlai Stevenson 주유엔 미국 대사는 미국 정부가 사형선고를 막기 위해 최선을 다할 것이라 했다. 더글러스 흄Alex Douglas-Home 영국 외상도 막후에서 남아프리카 정부에 영향력을 행사하고 있는 것으로 알려졌다. 50명의 의회의원들이 런던에서 시위를 벌였다. 소련의 브레즈네프Leonid Brezhnev 총서기도 베어우드 수상에게 선처를 요청했다.

최종 선고가 내려지기 이틀 전 남아프리카를 대표하는 지식인 두 사람이 피고인들에 대한 관대한 처분을 호소했다. 해롤드 한손Harold Hanson은 설령 피고인들이 사용한 수단이 실정법을 어겼다 하더라도

1 만델라는 런던대학교 원격교육과정에 등록한 학생이었다. 그는 리보니아 재판의 선고가 내려지기 며칠 전 이 대학에 법학사 논문을 제출했다.

그들이 추구한 목적은 범죄로 볼 수 없다고 했다. 흑인 사회의 현 체제에 대한 불만은 어떻게든 배출구를 찾을 것이며 억압으로 해결될 수 없다고 했다. 아프리카너들도 자유를 위해 격렬히 투쟁하지 않았던가? 작가 앨런 패튼Alan Paton은 피고인들이 굴복하지 않으려면 힘으로 저항할 수밖에 없는 상황이었다고 했다. 피고인들에게 관대한 처분이 내려지지 않는다면 남아프리카의 앞날이 암울할 것이라 경고했다.

드 웨트 재판장은 피고인 전원에게 무기징역을 선고했다. 법정의 모든 사람들이 안도의 숨을 내쉬었다. 만델라는 방청석을 향해 큰 미소를 지어보였다. 위니와 어머니의 얼굴을 찾아보았으나 보이지 않았다. 법정 안팎의 군중들이 "아프리카여 돌아오라"를 외치는 가운데 호위 경관들이 피고인들을 건물 지하로 이끌었다.

# 08

# 로벤 섬의 지도자

Nelson Rolihlahla Mandela

## 466/64

선고가 내려진 날 밤 자정이 지나 만델라와 동료 여섯을 태운 군용기가 프리토리아 비행장을 떠났다. 두 시간 후 항공기는 케이프타운 상공을 지나 로벤 섬Robben Island 한쪽 끝자락의 활주로에 착륙했다. 겨울 새벽의 바닷바람이 차가웠다. 무기징역수들은 맞는 교도소의 분위기가 삼엄했다.

이들은 새로 지은 단층 석조건물 내의 감방에 배치됐다. A, B, C 등 3동의 건물이 ㄷ자로 놓이고 그 중앙에 마당을 둔 구조였다. 만델라와 동지들은 B동에 수감됐다. 각기의 독방 입구에 수감자의 이름과 번호가 적힌 쪽지가 붙어 있었다. "N Mandela 466/64": 1964년 466번째 입소한 죄수였다.

감방엔 햇볕이 비집고 들어올 수 있는 작은 창이 있었다. 공간은 바로 누우면 발과 머리가 벽에 닿을 정도로 비좁았다. 짚으로 된 깔개와 낡은 담요 석장이 침구의 전부였다. 겨울 날씨에 난방이 제대로 되지 않아 옷을 입은 채 잠을 청해야 했다.

아파르트헤이트는 죄수의 의복에도 적용됐다. 만델라와 다른 흑인들은 짧은 바지를 입어야 했고 인도계인 아메드 카트라다만 긴 바지가 주어졌다. 양말도 카트라다만 신었다. 흑인은 아직 미성숙의 인종이라는 관념에서 비롯된 차별이었다.

얼마 후 다른 정치범들도 이 구역에 배치됐다. 남아프리카 유색인 기구South African Coloured People's Organization의 창설 멤버인 죠지 피크George Peake, 포트엘리자베드 출신의 시인이자 작가인 데니스 브루투스Dennis Brutus, 나탈 인도인회의Natal Indian Congress에서 활약한 빌리 네어Billy Nair 등이 그들이다. 속속 다른 투사들도 합류하여 모두 20명 정도의 정치범이 함께 지내게 됐다. 만델라가 알던 동료도 있었고 이름은 들었으나 여기서 처음 만난 이들도 있었다.

죄수들은 A, B, C, D 등 네 등급으로 분류됐다. A급엔 상대적 특혜가 주어지고 D급에겐 제약이 가장 많았다. 교도소에서 '보안죄수security prisoner'라고 부른 정치범들은 일단 D급이었다. 등급에 따라 편지, 면회의 횟수가 제한되고 공부하거나 매점에서 식료품 등을 살 수 있는지 여부가 결정됐다. 정치범이 D급에서 C급으로 올라가는 데는 몇 년이 걸리기 마련이었다.

만델라는 D급으로서 6개월에 1차례의 친족 간 면회, 그리고 1통의 서신 교환만 허용됐다. 처음 몇 달이 지나 받은 위니의 편지는 검열로 잘려나간 나머지 인사말 외엔 거의 남은 내용이 없었다. 보내는 편지도 이 같은 정도의 검열을 거쳤다.

감옥은 개인의 혼, 의지, 개성, 존엄을 빼앗아가려 한다. 수감자들이 세월의 흐름을 의식치 못하게 한다. 죄수는 시계를 가질 수 없고 매일 같은 시각에 울리는 종과 교도관의 호각 소리가 일과의 리듬을 정한다. 그러나 만델라는 이런 틀에 굴복하지 않았다. 맨 먼저 감방 벽에 달력을 만들었다. 종신형을 받았으나 언젠가는 이곳을 떠나는 날이 오리라 믿었다.

만델라와 동료들을 한곳에 수용하며 교도소장이 생각지 못한 것이 있었다. 이들은 같은 공간에서 같은 고초를 겪으며 투쟁의 결의를 다졌다. 같이 배우고 나누며 서로 용기를 북돋았다. 사람마다 역경을 견뎌내는 힘이 다르다. 그러나 함께 생활하며 보다 강한 투사가 흔들리는 동료를 일으켜 세울 수 있었다.

새벽 다섯 시 반이면 교도관이 종을 울려 모두를 깨웠다. 6시 45분까지 각자의 침구를 정리하고 변기를 비운다. 복도 끝에 있는 싱크대로 가서 변기를 씻으며 동료들과 몇 마디 말을 나눌 수 있다. 교도관이 악취를 피하여 떨어져 있기 때문이다.

옥수수 죽이 주 메뉴인 아침 식사는 감방으로 배달되다가 얼마 후 마당에 나가 먹었다. 커피라고 곁들여진 것은 옥수수를 검은 색이 되도록 볶아서 끓인 것이었다. 식사 후 곧 감방으로 돌아가 점호를 받는다. 각자의 독방 앞에 서서 교도관이 지나갈 때 모자를 벗어야 한다. 방이 정돈되지 않았거나 옷의 단추가 잘 채워지지 않았거나 모자를 벗지 않으면 격리 수용 또는 식사를 거르는 벌이 주어진다.

점호가 끝나면 노역에 돌입한다. 정오 점심시간까지 휴식 없이 계속됐다. 점심도 옥수수 죽이었다. 인도계와 혼혈의 죽엔 야채가 섞이기도 했다. 가끔 강장제라는 푸잔만들라phuzanmandla가 나왔는데 옥수수 가루와 이스트를 섞어서 물이나 우유에 탄 것이었다.

오후에도 노역이 4시 교도관이 호각을 불 때까지 계속됐다. 이후 약 30분 간 하루의 먼지를 씻을 수 있다. 복도 끝의 목욕실에 바닷물 샤워가 있고 큰 물통이 욕조를 대신했다. 바깥이 추워도 더운 물은 없었다. 함께 노래를 부르면 물이 덜 차가운 듯했다.

4시 30분 각자의 방으로 식사가 배달된다. 저녁도 옥수수 죽이다. 죽 속엔 가끔 당근이나 양배추 몇 조각이 보이기도 했다. 이틀에 한 번 연골 같은 육류도 섞여 있었다. 인도계와 혼혈 죄수들에겐 작은 빵 한 조각과 소량의 마가린이 제공된다. 빵은 '유럽식' 식품이라며 흑인에겐 주지 않는다. 식사가 원래 정해진 양보다 적게 나왔다. 요리사들은 일반 죄수들이었고 이들이 자신과 친구, 혹은 교도관 몫으로 좀 나은 음식을 빼돌렸기 때문이었다. 8시가 되면 불침 교도관이 복도에 남고 건물이 잠긴다. 교도관은 복도를 오가며 자지 않은 죄수가 있는지 감시한다. 나중엔 죄수들이 10시나 11시까지 공부할 수 있었다. 방의 백열등은 24시간 꺼지지 않았다.

## 노역

죄수의 주된 일과는 노역이었다. 처음 몇 달 동안 만델라와 동료들에게 주어진 일은 돌 깨기였다. 매일 감옥 마당에 부려진 큰 돌들을 망치로 깨서 자갈로 만드는 작업이었다. 폐 타이어로 만든 고무 고리에 돌을 고정시켰고 튀는 돌조각으로부터 눈을 보호하기 위해 보안경 대용으로 엉성한 그물 안대를 썼다. 힘들면서도 지루한 작업이었다. 네 줄로 서로 1미터 반 정도의 간격으로 떨어져 앉아 말없이 돌만 깨야 했다.

입소한 이듬해의 1월부터 석회석 채굴장이 새 작업장이 됐다. 언덕에 패인 큰 분화구와 같은 곳이었다. 백색 표면에 눈을 부셨다. 감독관이 앞으로 6개월 정도 여기서 일하리라 했으나 그가 말한 6개월이 13년이 된다. 석회석 채굴은 중노동이었다. 조개나 산호의 찌꺼기가 석회석으로 굳은 것을 바위틈에서 파내는 작업이었다. 곡괭이로 바위를 깨며 그 틈 사이의 얇은 석회층을 삽으로 긁어내야 했다.

모두가 작업에 지친 나머지 첫 며칠간은 저녁을 먹은 후 바로 곯아떨어졌다. 이튿날 일어나서도 피곤이 풀리지 않고 몸 이곳저곳이 쑤셨다. 그러나 마당에 쭈그리고 앉아 돌을 깨는 일보단 나은 면도 있었다. 섬의 자연을 만끽하며 자신의 근력을 다해 일하다 보면 심신이 강건해지는 느낌이었다.

채석장에서 가장 힘든 것은 백색 표면에서 반사되는 빛이었다. 선글라스를 요구했으나 소귀에 경 읽기였다. 3년이 지나서야 거듭되는 요청을 이기지 못해, 그리고 안과의사가 시력을 보호하기 위해 선글라스가 필요하다는 소견을 낸 다음에야 안경을 쓸 수 있게 됐다. 그것도 각자가 자기 비용으로 사서 써야 했다.

채석장까지 걸어서 약 20분 거리였다. 흙길이 갈라지는 한 지점에서 잡목 사이로 작은 오두막집이 보였다. 로버트 소부크웨가 혼자 격리돼 있는 곳이었다. 경비병이 서 있지 않았더라면 사람이 살지 않을 것으로 보이는 허술한 오두막이었다. 소부크웨는 1963년 3년의 형기를 마쳤으나 같은 해에 법무장관의 결정에 따라 정치범을 무기한 기소 없이도 구류할 수 있게 됨에 따라 출소 즉시 다시 체포, 구금됐다.

## 방문객이 오는 날

어느 날 바늘과 실 그리고 낡은 옷이 주어졌다. 평상의 노역을 그만두고 헤진 죄수복을 수선하란 것이었다. 이유가 있었다. 바깥 방문객에게 여기 죄수들의 일과가 힘들지 않은 것처럼 보이기 위함이었다.

방문객은 영국 데일리 텔리그라프The Daily Telegraph의 기자 두 사람이었다. 만델라와 동료들에 대한 국내외의 관심이 높은 가운데 당국이 비교적 보수적인 언론사의 취재를 허용한 것이었다. 기자들이 작업 현장을 둘러 본 후 만델라와 회견토록 돼 있었다.

만델라가 동료들을 대변하는 자리가 됐다. 감옥에서는 드문 일이었다. 교도소의 규율에 따르면 죄수는 자신을 위해서만 발언할 수 있었다. 죄수들의 조직이나 집단적 의견은 있을 수 없었다. 만델라와 동료들이 '우리'라는 말을 쓰는 것조차 허용하지 않았다. 그러나 당국이 필요할 때면 만델라가 정치범의 대표가 됐다.

만델라는 리보니아 재판과 교도소의 상황에 대해 꾸밈없이 이야기했다. 기자들이 사진 촬영을 희망하여 월터 시술루와 함께라면 마다하지 않겠다고 했다. 이때 찍은 사진이 만델라와 시술루의 로벤 섬 수감 생활 기록의 일편一片으로 남아 있다. 이들이 바느질하는 모습도 사진으로 남아 있으나 기자들이 떠난 후에는 재연되지 않은 장면이었다. 바로 평상의 작업으로 돌아갔다.

이후 국제사법재판소에서 나미비아의 독립을 주장한 영국 변호사, 그리고 미국 변호사협회 소속 법률가도 다녀갔다. 후자의 경우 정부의 교도행정처장 스테인Steyn 장군이 안내해 왔다. 이럴 때면 만델라는 자신과 동료들이 일반 죄수와는 다른 정치범이며 그에 마땅한 대우를 받아야 함을 거듭 주장했다. 빈약한 음식, 힘든 노역 등에 대해서도 동료들의 목소리를 대변했다.

1965년 여름 어느 날 아침 죽에 윤기가 돌고 저녁 식사에 고기가 섞여 있었다. 이튿날 죄수 몇은 새 셔츠를 배급받았다. 작업장 감독관의 태도가 눈이 보이게 공손해졌다. 다음날 국제적십자사의 방문이 있기 때문이었다. 적십자사는 죄수들의 목소리에 귀 기울이고 이들의 처지를 개선하기 위해 영향력을 행사한 유일한 국제기구였다. 이번엔 모국 스웨덴에서 교도청장을 지내고 로데시아로 이민한 이가 로벤 섬 죄수들의 처지를 살펴보기 위해 왔다.

만델라와 이번 방문객의 만남은 앞선 다른 경우와는 달리 교도관의 감시 없이 진행됐다. 만델라는 기탄없이 불평과 불만을 이야기했다. 의복, 음식, 중노동, 방문과 서신 왕래 제한, 학습 금지, 그리고 교도관의 행태에 관한 모든 것을 털어놓았다. 정치범을 각자의 집에서 가까운 교도소로 옮겨줄 것도 요청했다.

그가 다녀간 얼마 후 흑인 수감자도 긴 바지를 입게 됐다. 이후로도 적십자사 인사들이 정기적으로 방문하여 교도소 여건의 개선을 위해 힘썼다. 다른 면으로도 도움을 주었다. 형편이 어려운 아내와 친척이 로벤 섬까지 면회 갈 수 있도록 경제적으로도 도왔다.

1967년으로 해가 바뀐 후 얼마 지나지 않은 어느 날 B동 수감자들은 채석장으로 가는 대신 귀한 방문객을 맞았다. 남아프리카 진보당The Progressive Party의 유일한 국회의원 헬렌 수즈만Helen Suzman이었다. 소속 정당의 이름이 말해 주 듯 국민당이 장악한 국회에서 유일하게 야당 목소리를 내는 의원이었다. 교도행정처장 스테인 장군이 안내하고 있었다. 그녀의 방문을 앞두고 만델라의 감방이 복도 끝으로 옮겨졌다. 방문객이 그와 이야기할 수 있는 시간이 남지 않도록 한 것이었다. 그러나 이 전술은 통하지 않았다. 수감자 모두가 할 말은 많으나 복도 끝에 서 있는 만델라가 그들의 대변인이라고 했다.

만델라는 스테인 장군이 지켜보는 가운데 빈약한 식단, 인종 간 차별을 두는 의복, 공부를 제대로 할 수 없는 감방 등 많은 문제에 대한 불만을 털어놓았다. 채석장 작업을 감독하는 교도관 반 렌스버그Van Rehnsburg의 잔인함도 지적했다. 만델라는 될 수 있는 한 교도관 개인의 언동을 문제 삼지 않았다. 그들이 죄수를 어떻게 다루는 지는 많은 부분 교도소의 방침에 좌우됨을 알기 때문이었다. 그러나 반 렌스버그의 경우는 달랐다. 그의 잔인함이 동료들의 하루하루를 견디기 어렵게 만들었다.

수즈만 의원은 수첩에 적어가며 만델라와 동료들의 이야기를 경청했다. 제기한 문제들에 대해 법무장관과 협의할 것을 약속했다. 감방

내부도 둘러봤다. 이후 그녀는 여기 문제들을 국회에서도 거론했고 몇 주 지나 반 렌스버그는 로벤 섬을 떠났다.

## 단식투쟁

다른 정치범들이 새로 B동으로 합류했다. MK 대원 여럿이 1964년 7월부터 50여 건의 사보타지 혐의로 재판을 받았다. 만델라를 대신해 MK 최고사령관이 된 윌턴 음콰이Wilton Mkwayi, 그리고 맥 마하라지Mac Maharaj와 랄루 치바Laloo Chiba가 그들이었다. 자유당The Liberal Party 출신으로 아프리카저항운동African Resistance Movement에 가담했던 에디 다니엘스Eddie Daniels도 들어왔다.

죄수들은 정보에 목마르다. 바깥세상이 어떻게 돌아가고 있는지, 가족과 동지들의 근황은 어떤지 제때에 알 수 없다. 교도소 내 다른 죄수들이 처한 사정을 알아야 단체 행동이 필요한 경우 움직일 수 있다. 일부 정치범들이 일반범과 같이 F동과 G동에 수용돼 있으므로 그들과의 의사소통도 중요하다.

비밀리에 아메드 카트라다, 맥 마하라지, 랄루 치바 등을 중심으로 정보위원회communications committee가 구성됐다. 카트라다와 마하라지는 채석장으로 가는 길에 교도관이 무심코 버리는 성냥갑들을 은밀히 모았다. 재봉사 경험이 있는 치바가 아주 작은 암호 메시지 쪽지를 그 바닥에 덧대는 일을 맡았다.

MK 대원이었던 조 카비Joe Gqabi가 메시지를 담은 성냥갑을 일반 죄수들이 채석장으로 가는 길목에 떨어뜨렸다. 식사를 배달하는 이들과 은밀히 이런 계획을 주고받는다. F동 혹은 G동의 지정된 죄수가 성냥갑을 손에 넣었다. 회신도 같은 방법으로 전달됐다.

보다 나은 방법도 있었다. 채석장의 점심시간을 전후하여 교도관의 감시가 느슨해진 틈에 음식 드럼통을 운반하는 이로부터 플라스틱에 싼 메시지를 받았다. 주방에서 일하는 동료가 드럼통 밑바닥에 부착해 보낸 것이었다. 회신도 플라스틱에 싸 식사 후 지저분해진 접시 밑바닥에 붙여 보냈다. 어지럽게 쌓인 접시 더미를 유심히 볼 교도관은 없었다.

만델라와 동료들은 격리 수용된 일반 죄수들과 같은 샤워와 화장실을 사용했다. 변기 안쪽 가장자리에 플라스틱에 싼 메시지를 부착하여 다른 동의 동료들과 교신했다. 다른 동의 정치범들이 격리 수용되도록 유도하여 가까이 접촉할 수 있었다. 이렇게 온갖 방도를 고안했다.

병원에 입원하는 것이 가장 편하고 쉬운 방법이긴 했다. 교도소 내

병원이 하나뿐이므로 죄수들을 분리시키기 어려웠다. B, F, G동의 죄수들이 같은 병동에서 치료받는 경우도 많아 여기서 바깥세상의 여러 소식을 교환했다.

수감자들이 형기를 마치고 출소하는 경우 그를 통하여 밖으로 메시지를 전할 수 있다. 방문객의 도움을 받기도 한다. 변호사와 접견 시 교도관이 입회하지 않으므로 여러 소식을 주고받으며 그에게 편지를 맡길 수도 있다.

음식 드럼통 밑바닥의 플라스틱에 싼 쪽지를 통해 일반죄수들이 단식투쟁을 벌이고 있다는 사실을 알게 됐다. 단식이 언제 시작됐는지 사유가 무엇인지는 정확히 알 수 없었으나 B동도 동맹 단식에 돌입했다. 반아파르트헤이트의 연장선상에서 교도소의 처우에 항의하는 모든 행동에 힘을 모우고자 했다.

B동의 단식 첫날 여느 때와 같은 음식이 배달됐다. 둘째 날은 죽 속에 야채가 보이고 양도 많아졌다. 셋째 날은 먹음직한 고기 덩어리가 나왔다. 넷째 날은 죽에 윤기가 돌고 김이 모락모락 나는 고기 위에 야채를 얹은 접시가 등장했다. 그러나 유혹을 이겨냈다. 일반 죄수 몇몇이 쓰러져 병원에 실려 갔다는 소식이 들려왔다.

며칠 지나서 매우 이례적인 일이 일어났다. 교도관들이 식사를 거부하는 단체 행동에 돌입한 것이었다. 죄수들에 동조하는 의미에서

가 아니라 식사와 근무 조건에 대한 불만의 표시였다. 죄수와 교도관이 함께 단식하는 상황을 교도소장이 어떻게 감당하겠는가? 결국 교도관들의 항의를 먼저 가라앉히고 F, G동의 죄수들과도 협상을 시작했다. B동도 단식을 끝냈다. 죄수들의 승리였다.

## 가족을 보살필 수 없는 괴로움

단식투쟁이 계속되고 있던 1966년 7월 위니가 찾아왔다. 첫 면회 후 2년만이었다. 위니에게도 정치 활동 금지령이 내려져 거주지를 떠나려면 법무장관의 허가를 받아야 했다. 위니가 통행증을 가지고 간다는 조건으로 여행을 허락했다. 통행증 거부는 반아파르트헤이트 운동의 중요한 일면이었으나 이 경우만은 당국의 요구를 들을 수밖에 없었다. 여행 허가가 나도 움직이기가 쉽지 않다. 기차나 자동차는 안 되고 항공편을 이용해야 한다는 제한이 따라 비용이 많이 들게 된다. 케이프타운 비행장에서 내려 로벤섬에 들어오는 페리를 타기 전 경찰서에 들러 각가지 서류에 서명해야 한다. 돌아갈 때도 마찬가지다.

면회 시간으로 주어진 30분 동안 할 이야기가 너무 많았다. 어머니의 건강, 딸들의 교육, 어려워진 가계 등 며칠이 걸려도 풀어내지 못할 사연들이었다. 위니는 제니Zeni와 진지Zindzi를 인도계 학교에 입학시켰으나 당국이 학교에 압력을 가해 이 학교를 다닐 수 없게 됐다. 할 수없이 두 딸을 스와질란드Swaziland의 기숙학교로 옮겼다. 위니를 통해 해외 망명 중인 ANC와 올리버 탬보의 소식도 희미하게나마 들을 수 있었다.

30분이 훌쩍 지나가고 위니가 돌아가면 감방으로 돌아와 그녀와의 만남을 다시 떠올려본다. 그녀의 모습과 입었던 옷, 그녀가 한 말, 자신이 한 말 등을 되새겨 보며 편지를 쓴다. 그녀를 얼마나 사랑하는지, 그녀가 얼마나 큰 용기를 주는지, 그리고 두 부부의 사랑이 흔들릴 수 없음을 적는다.

얼마 후 위니가 돌아가는 길에 케이프타운 경찰서에 신고하지 않은 죄로 체포되었다가 보석으로 간신히 풀려났다. 재판에서 1년 징역, 집행유예 선고를 받았다. 이 일로 다시 직장을 잃어 경제적인 어려움을 겪었다.

1968년 봄 어머니가 아들 마카토, 딸 마카지웨, 그리고 누이 마벨을 데리고 로벤 섬을 방문했다. 리보니아 재판 후 몇 년 만에 만나는 가족인가? 어머니는 나이보다 더 늙어 보이고 수척했다. 마카토와 마카지웨는 성년이 돼 있었다. 누이만은 전과 다름없어 보였다.

이들이 다녀간 지 몇 주 지나지 않아 마카토가 전보를 보내왔다. 어머니가 심장마비로 돌아가셨다는 소식이었다. 교도소 당국은 장례식 참석을 허락하지 않았다. 어머니의 장례를 치를 수 없는 이가 장자의 자격이 있는가?

만델라는 감방으로 돌아와 지난날을 되돌아보았다. 어머니의 가난했던 삶과 겪어야 했던 고초를 생각하며 자신이 바른 길을 택했던 것인지 자신이 없었다. 가족의 안위와 행복을 돌보지 않고 민족의 미래를 위해 몸을 던진 자신은 과연 옳은 일을 한 것인가? 어머니는 그런 아들을 잘 이해하지 못했다. 가족 아무도 바라지 않았던 만델라의 선택이 그들에게 형벌을 초래하지 않았나?

얼마 후 또 다른 괴로운 소식이 들려왔다. 1969년 5월 경찰이 올란도의 집을 습격하여 위니를 체포했다. 전국적으로 몰아친 검거 선풍에 위니의 동생을 포함한 다른 20여명도 검거됐다. 위니는 독방에 수감되고 보석도 허락되지 않았다. 6개월 후 ANC의 부활을 기도했다는 혐의로 기소됐고 재판은 시간을 끌었다. 그러다가 1970년 10월 검찰은 아무런 설명 없이 기소를 중지했다. 17개월간의 구속이었다.

만델라는 아내마저 감옥에 있다는 사실이 고통스러웠다. 경찰은 아내에게 무슨 짓을 할까? 딸들은 누가 돌볼 수 있겠는가? 매달 지불해야 할 공과금은 어떻게 되는가? 위니의 구속 소식을 듣고 석 달이 지난 1969년 7월의 어느 추운 날 아침 마카토의 전보가 도착했다. 템비가 트란스케이에서 교통사고로 사망했다는 비보였다. 템비는 스물다섯 살이었고 두 아이의 아버지였다. 만델라는 말을 잃어버렸다. 어머니가 돌아가시고 얼마 지나지 않아 아내가 구속되고 이제 첫 아들이 세상을 떠났다. 어찌 이런 일이 있을 수 있는가? 감방으로 돌아와 자리에 누워 얼마나 시간이 흘렀는지 몰랐다. 교도소장은 장례식 참석을 허락하지 않았다. 템비를 낳아준 첫 아내 에블린에게 쓴 편지는 전해주겠다고 했다.

만델라는 당국의 눈을 피하여 어느 안가에서 템비를 만났던 일이 떠올랐다. 지하에 잠복하여 한 동안 가족을 만나지 못한 때였다. 그 날 템비는 무릎까지 내려오는 아버지의 낡은 양복 윗도리를 입고 있었다. 오래 전 만델라가 그의 아버지 옷을 입었듯이. 헤어지며 그는 어른이 된 듯 "아버지가 안 계신 동안 제가 가족을 돌볼 게요"라고 했다.

## 법조인 협회와의 공방

정부는 여러 방면으로 만델라를 압박했다. 1966년 연말 경 법무장관의 사주로 트란스발 법조인 협회Transvaal Law Society가 만델라의 변호사 자격을 박탈해야 한다고 제청했다. 이는 대법원에서 최종 결정해야 할 사안이었다. 보수적인 성향의 이 협회는 만델라가 로벤 섬에 갇혀 자신을 변호하기 어려우리라 생각했다.

그러나 만델라에겐 이 같은 난국도 또 하나의 기회였다. 자신이 직접 변호에 나서기로 하고 그 준비를 위해 교도소장에게 몇 가지를 요청했다. 채석장 작업을 일시 면해줄 것, 제대로 된 책상과 의자 등을 감방에 들여 줄 것, 그리고 법전 등 자료를 참고할 수 있도록 프리토리아 도서관의 이용을 허락해 줄 것 등이었다.

대법원 기록관에게도 연락하여 관련 기록, 문서, 서적 등을 보내줄 것을 요청했다. 법원의 답은 변호 내용의 기본 성격을 알려주면 요청에 응하겠다는 것이었다. 만델라는 법정에 변호문을 제출할 때 그 내용도 명확해질 것이라며 응수했다. 이렇게 만델라, 법원 기록관, 그리고 트란스발 법조인 협회를 대변한 검사 간 교신이 거듭되며 시간이 흘렀다. 채석장으로는 매일 나갔고, 책상과 의자는 들어오지 않았고, 프리토리아 도서관 이용을 허락해 줄 리도 없었다. 그러나 만델라는 요구를 굽히지 않았고 당국도 태도를 바꾸지 않았다.

몇 달이 지나자 협회는 제청을 거두어들였다. 이 사안을 법정으로 가져 갈 경우 다시 만델라를 주연으로 하는 치열한 법리 다툼이 될 공산이 커졌다. 투사 만델라가 건재해 있음을 내외에 알리는 형국이 될 수 있었다.

## 요동치는 아프리카 대륙

리보니아 재판을 고비로 많은 ANC 지도부 인사들이 감옥에 가거나 해외로 망명했다. 국내에선 지하 조직도 와해되다시피 했다. 따라서 망명 조직ANC's External Mission의 역할이 커질 수밖에 없었다. 국내외 반아파르트헤이트 운동의 구심점이 되어 외교, 모금, 군사훈련 프로그램 구축 등의 임무를 수행해야 했다. 루툴리 의장이 1967년 7월 불의의 사고로 서거한 후 루사카에서 망명 조직을 지휘하고 있던 올리버 탬보의 어깨가 더욱 무거워졌다.

남아프리카 국민당 정부는 아파르트헤이트의 고삐를 늦추지 않았다. 경찰의 권한이 강화되고 군사력도 증강됐다. 경제가 안정된 가운데 백인 지배 사회는 흔들림이 없어 보였다. 그러나 주변 상황은 요동치고 있었다. 1960년대 후반기에 이르러 아프리카 대륙 남반의 무장 독립 투쟁이 격화되고 있었다. 서쪽의 나미비아Namibia, 당시의 서남아프리카 South-West Africa에선 SWAPOSouth West African People's Organization 군이 입지를 넓히고 있었다. 모잠비크와 앙골라에서도 게릴라 운동이 확산됐다.

남아프리카 바로 북쪽의 짐바브웨Zimbabwe, 당시의 로데시아 Rhodesia에서도 백인 소수 정권에 항거하는 무장 투쟁이 계속됐다. 로데시아 백인 정권은 남아프리카 군의 지원을 받고 있어 그곳의 투쟁은 ANC 운동의 연장선상에 있었다.

사실 ANC는 1967년 이래 짐바브웨 아프리카민족연합ZAPU, Zimbabwe African People's Union과 동맹을 맺고 있었다. 탄자니아와 잠비아에서 훈련을 거친 MK 대원들이 루툴리 파견대Luthuli Detachment라는 이름 아래 ZAPU 군과 함께 로데시아 군에 맞섰다. 1968년 로벤 섬에 입소한 저스티스 판자Justice Panza는 짐바브웨 전선에서 싸운 MK 전사였다. 그가 루툴리 파견대의 군사훈련, 정치교육, 그리고 전선에서의 활동을 생생히 전해 주었다.

## 소크라테스 학당

B동에는 만델라, 고반 음베키Govan Mbeki, 네빌 알렉산더Neville Alexander와 같이 학력이 높은 이들도 있었고 초등학교를 마친 정도의

경우도 있었다. 이들 모두가 교도소 수감 중에도 어떻게든 학업을 계속하며 자신을 연마할 수 있길 희망했다.

교도소장은 내외의 압력을 이기지 못해 이들에게 공부를 허락했다. 단 정치학이나 군사학은 공부할 수 없었고, 자기 가족 외에는 학비를 지원할 수 없었다. 형편이 어려운 동료에게 책도 빌려줄 수 없게 했다. 또 만델라의 특례를 제외하곤 대학원 등록은 허락하지 않았다. 만델라에게 예외를 인정한 것은 그가 프리토리아 감옥 시절부터 런던 대학University of London에 등록돼 있었기 때문이었다.

다른 동료들은 대학 학위를 목표로 하는 경우 남아프리카대학교University of South Africa, UNISA, 그리고 대학 입학 자격을 얻기 위해선 속성 예비대학Rapid Results College의 통신 교육 과정에 등록했다. 거의 모두 다시 학생이 되었으나 감방에는 책상도, 의자도 없었다. 적십자사를 통하여 진정한 결과 6개월 후에야 작은 책상과 세발 의자가 들여졌다.

로벤 섬 교도소는 ANC 동지들 사이에 '대학교university'로 알려져 있었다. 수감된 이들 대부분이 정규 원격 교육 과정에 등록했을 뿐만 아니라 만델라를 중심으로 한 정치범 지휘부The High Organ가 자체의 교과 프로그램을 개발했다. '필요가 발명의 어머니'란 말이 있듯이 이것도 속속 입소하는 젊은 동료들에 대한 정치 교육의 필요에 따라 생겨났다.

젊은 지사들이 ANC의 철학과 역사에 대해 체계적으로 학습하지 못한 경우가 많았다. 역설적이기도 하지만 교도소에 들어와서야 그럴 정신적 여유가 생겼다. 선배들을 통해 조직의 연원과 발전 과정에 대해 배우며 나라가 처한 현실과 자신의 위치에 대해 다시 생각할 수 있는 시간을 갖게 됐다.

ANC에 관한 한 월터 시술루보다 더 훌륭한 스승이 없었다. 처음에는 젊은이들의 의문을 풀어주기 위한 설명으로 시작한 것이 차츰 한 묶음의 강론 시리즈로 발전했다. 이것이 '교과목 ASyllabus A'가 됐다. 아메드 카트라다는 '인도인의 투쟁 역사'를 강의했다. 동독German Democratic Republic에 유학했던 맥 마하라지는 '마르크스의 사상'을 맡았다. '남아프리카 혼혈 민족의 역사'라는 과목도 있었다. 만델라는 몇 년 동안 '정치경제Political Economy'를 가르쳤다. 인류의 경제가 원시 공동체에서 봉건 제도를 거쳐 자본주의 체제로 발전하고 그 과정에서 사회주의 이론이 나오는 흐름을 강의했다.

수업은 대체로 세미나 형식으로 진행됐다. 채석장 작업 중 4, 5명이 한 그룹이 되어 세미나 리더가 중심 개념과 이론을 설명한 다음 자유 토론에 들어가는 식이었다. 소크라테스가 제자와의 대화를 통해 가르친 예와 같았다. 이렇게 동료들이, 선배와 후배들이 서로 가르치고 배우는 학당이 됐다. 보다 자유로이 의견을 교환하는 토론

클럽도 있었다. 다양한 주제가 화두로 올랐다. 'ANC와 공산당의 관계', 'ANC 지도자의 사회적 배경', '할례 성년의식' 등 여러 분야를 망라했다.

만델라는 수감자들에게 법률 서비스를 제공했다. 교도소 규율에 어긋났으나 가난한 이들을 위해 간판 없는 무상 변호사 사무실을 비밀리에 연 것이었다. 당시 남아프리카에서는 돈이 없으면 변호사 없이 재판받는 일이 비일비재했다. 많은 가난한 흑인들이 내려지는 판결에 항의할 수 있는 방도가 없었다.

만델라의 도움을 받을 수 있다는 것이 은밀히 알려지자 많은 재소자들이 자문을 구해왔다. 비밀 쪽지를 통해 말을 주고받으니 교도소 밖이라면 30분이면 될 일이 1년이 걸리는 경우도 허다했다. 기소 내용, 제시된 증거, 증언을 포함한 재판 경과, 판결 내용 등을 파악하여 불공평, 절차상의 부정확함, 증거 불충분 등의 하자가 발견되면 판사 혹은 지방행정장관에게 재고를 요청하는 서신을 보내도록 했다.

서신은 만델라가 작성한 내용을 신청자 자신의 친필로 다시 쓰도록 했다. 이렇게 하여 몇몇 경우는 판결이 번복되거나 감형됐다. 한 번도 만나보지 못한 어려운 사람에게 그런 도움을 줄 수 있다는 것은 큰 보람이었다.

## 일요일

당국의 부조리에 맞서 싸운 결과 수감 생활이 한결 참을만하게 됐다. 로벤 섬에 온지 3년 만에 모두 긴 바지를 입게 됐다. 죄수 각자의 몸에 맞는 유니폼이 주어졌고 자신이 세탁해서 입었다. 주말에는 언제든 마당에 나가 바람을 쏘일 수 있었다. 식단이 완전히 평준화되진 않았으나 흑인에게도 가끔 빵이 나왔다. 주말엔 장기와 카드놀이로 시간을 보냈다.

채석장 작업 중에도 죄수 간 대화를 막지 않았다. 교도소장이 시찰을 나올 때면 작업장의 감독관이 호각을 불어 알려주었다. 또 죄수들이 언제든 회합을 가질 수 있게 됐다. 지휘부의 모임이든, 전체회의든 적당한 선까진 막지 않았다. 수감자들이 교도소의 주인공이 된 느낌이었다.

아프리카너는 신앙생활을 중요히 여긴다. 교도소에서도 매주 일요일 아침 예배를 드리게 돼 있었다. 영국 성공회, 네덜란드 개신교, 감리교 등 여러 교파의 목사들이 번갈아 가며 방문하여 예배를 집전했다. 만델라가 이곳에 들어온 후 2년 동안 일요일은 죄수 아무도 감방을 나설 수 없어 목사가 복도 끝에서 설교했다. 나중엔 마당에서 예배를 올렸는데 이 시간이 바깥바람을 쏘일 수 있는 유일한 기회였다.

설교가 아무리 길어도 싫어하는 죄수가 없었다. 만델라는 감리교 신자였으나 다른 교파 목사들의 설교도 즐겨 들었다.

영국 성공회 휴즈Hughes 신부의 설교가 훌륭했고 죄수들은 그를 따랐다. 그가 처음 왔을 때 설교 대신 윈스턴 처칠이 전쟁 중 한 연설의 몇 대목을 멋진 바리톤 목소리로 암송했다: “우리는 해변에서도 싸울 것이며 상륙지에서도 싸울 것입니다. 우리는 평원에서, 거리에서, 그리고 언덕에서도 싸울 것입니다. 우리는 결코 항복하지 않을 것입니다.”

그의 설교를 들으며 바깥세상 소식도 가끔 접할 수 있었다. 예를 들면 “남아프리카 수상이 고대 이집트의 파라오와 같이 군비를 증강하고 있다”는 식의 발언이었다. 설교는 종교적인 내용만 담아야 한다는 교도소의 방침이 있었으나 이 정도의 언급은 그리 해롭지 않은 것으로 여긴 듯하다.

휴즈 신부는 만델라와 동료들의 합창을 즐긴 듯했다. 예배 끝 무렵에 휴대용 풍금 연주를 들려주었고 그 반주에 맞추어 찬송가와 민요를 불렀다. 그는 수감자들의 합창을 자신의 고향 웨일즈Wales의 합창단에 비견할 만한 수준이라며 칭찬했다.

감리교의 존스Jones 목사는 좀 우울한 성정이었다. 혁명기 콩고Congo에서의 경험이 그의 성격에 영향을 준 듯했다. 그는 거듭 화해

reconciliation의 중요성을 강조했다. 백인과의 화해를 위해 흑인이 노력해야 한다는 어조였다. 어느 날 에디 다니엘스Eddie Daniels가 반론을 제기했다: "목사님은 우리 흑인에게 화해를 강조할 일이 아니지요. 우리는 지난 75년간 화해를 추구했습니다." 이 일이 있은 후 죤스 목사는 다시 오지 않았다.

거의 모든 아프리카너가 믿는 네덜란드 개신교Dutch Reformed Church의 자매 선교단에 속해 있던 쉐플러Scheffler 목사는 보수적이면서도 유머가 있었다. 이 선교단은 주로 흑인을 대상으로 활동하는 기관이었다.

쉐플러 목사가 신앙을 설파하기 위해 과학적 근거를 드는 것이 흥미로웠다. 예를 들어 3인의 동방박사가 별을 따라 베들레헴에 도착한 것이 미신이나 신화가 아니라고 했다. 성경에서 이야기하는 궤적에 따라 떨어진 혜성이 당시 실제 있었다는 것을 증명하는 천문학자의 연구가 있다고 했다.

B동의 정치범들과 가까워지자 슬쩍 놀려대기도 했다. 남아프리카의 백인들이 흑인보다 어려운 일을 해낸다고 했다: "백인은 문제가 있으면 해결책을 찾지만 흑인은 항상 '엥가벨룽구Ngabelungu!'라고만 하지요." '엥가벨룽구'는 코사 말로 '그건 백인 때문이야'라는 의미였다. 모든 어려움을 백인 탓으로만 돌린다는 것이었다. 만델라의 귀엔 흑인도 자신을 되돌아보고 자신의 행동에 책임을 져야 한다는 경구로

들렸다.

## 크리스마스

크리스마스는 교도 당국도 재소자들에게 자비를 보이는 날이었다. 채석장 작업 대신 음악회, 장기 대회, 연극 등으로 긴장을 풀며 화기애애한 분위기 속에서 하루를 보냈다. 특별한 음식이 나오진 않았으나 저녁 식사에 커피가 곁들여졌다. 소량의 과자도 사먹을 수 있었다.

음악회가 가장 중요한 행사였다. ANC 청년연맹에서 활동하다가 지금은 PAC에 속해있는 셀비 엥겐다네Selby Ngendane가 음악회의 리더였다. 셀비는 매우 밝은 성격으로 어려운 수감 생활 중에도 기개를 잃지 않은 젊은이였다. 그는 훌륭한 목소리와 음악성, 그리고 청중을 즐겁게 하는 연기인으로서의 자질도 지니고 있었다. 그가 편곡하고, 독주자를 뽑고, 합창을 지휘했다. 음악회는 크리스마스 날 아침 마당에서 열렸다. 합창엔 B동의 수감자 모두가 참여하고 교도관들이 청중이 됐다. 영국 크리스마스 캐롤과 아프리카 곡들을 함께 불렀다. 백인 지배에 항거하는 노래도 있었으나 그리 문제가 되지 않았다.

장기 대회도 모두에게 인기가 있었다. 만델라가 대회의 대상을 차지한 때도 있었다. 그는 장기판을 매우 온건하며 침착하게 운영했다. 한수 한수를 천천히, 멀리 내다보며 두었다. 그의 정치가로서의 면모와도 통하는 점이 없지 않았다.

만델라는 결승에서 돈 데이비스Don Davis를 여러 번 만났다. 그는 다이아몬드 광산 지역인 킴벌리Kimberly 출신으로 비유럽통합운동Non-European Unity Movement의 일원이었다. 소박하며 대담무쌍한 그의 장기 두는 스타일은 만델라와 정반대였다. 경기에 긴장한 나머지 땀을 흘리며 말을 빨리 움직였다. 그는 만델라에게 '키푸Quipu'라는 별명을 붙여주었다. 만델라가 한참 판을 들여다보다가 이윽고 말을 움직이며 '키푸!공격!'라고 내지르는 버릇이 있어서였다. 돈은 자신이 이겨도 한 판 더 두자며 만델라를 놓아주지 않았다. 크리스마스 때 말고도 그와 장기 두며 많은 시간을 보냈다. 어떤 때는 공부에 지장이 생길 정도였다. 사실 그 탓에 런던대학의 시험에 실패한 적도 있었다.

아마튜어 연극단의 공연도 크리스마스 날의 중요 이벤트였다. 소포클레스Sophocles의 안티고네Antigone에서 만델라가 맡은 테베의 왕 크레온Creon의 역은 그의 기억에 오래 남았다. 크레온은 지도자로서의 경륜과 능력에도 불구하고 법을 앞세운 나머지 자비가 부족했다. 그를 꾸짖는 안티고네가 자비를 호소하며 법 정의를 승화시켰다. 안티고네의 길이 ANC의 길이 아닐까?

## 탈옥?

1969년 유난히도 만델라에게 접근해오는 젊은 교도관이 있었다. 시중엔 ANC가 만델라를 탈옥시키기 위해 로벤 섬으로 사람을 침투시켰다는 소문이 돌았다. 이윽고 그가 만델라의 탈옥 계획을 털어놓았다.

그의 계획은 이랬다.

> 밤에 등대를 지키는 교도관을 마취시키고 배가 해변에 상륙한다. 만델라는 그가 준 열쇠로 B동을 열고 탈출하여 해변에 도착한다. 배에서 전동장치가 달린 잠수복으로 갈아입고 케이프타운 해변까지 헤엄쳐 나온다. 거기서 비행장으로 가 대기하고 있는 항공기에 올라 해외로 빠져나간다.

계획은 실현 불가능해 보였다. 시술루와 상의해 보아도 이 교도관을 신뢰하기 어렵다는 결론이 나왔다. 그러나 만델라는 이런 생각을 교도관에게 털어놓지 않았다. 얼마 지나지 않아 그는 다른 곳으로 전보돼 갔다. 만델라를 유인할 수 없다고 판단한 것이었다.

나중에 그가 남아프리카의 비밀정보기관인 국가보안청Bureau of State Security, BOSS의 첩자였음을 알게 됐다. 각본은 만델라를 케이프타운 비행장까지 탈출시키되 항공기에 오르기 직전 그를 사살한다는 것이었다. ANC가 만델라의 탈출을 계획한다는 소문도 BOSS가 퍼뜨린 것이었다.

탈옥을 생각해 보지 않았던 것은 아니다. 1974년 맥 마하라지와 에디 다니엘스가 탈옥 계획을 그려내고 B동의 열쇠 제작에 성공하기도 했다. 수공에 능한 제프 마세몰라Jeff Masemola의 작품이었다. 그러나 바다를 건너야 하는 것이 난제였다. 마하라지가 돌파구를 찾은 듯했다. 그가 다니는 케이프타운의 치과병원 2층 대기실의 창을 넘어 작은 옆길로 탈주할 수 있을 것으로 보았다. 만델라와 마하라지, 그리고 월턴 음콰이가 이 계획을 실행에 옮기기로 했다. 셋이 같은 날 치과를 방문하기로 예약이 됐다.

셋은 호송관의 감시 아래 케이프타운의 치과에 도착했다. 호송관이 요청하여 모든 다른 환자들이 병원을 떠났다. 마하라지가 창가로 가 밖을 내다보니 이상했다. 평소 사람들과 차들이 오가던 시내 중심가가 텅 비어 있었다. 당국의 함정임이 분명했다. 이들의 계획을 미리 알고 탈주를 시도하게 하여 현장에서 사살할 작전인 듯했다. 셋은 치아 검사만 받고 로벤 섬으로 돌아갔다.

에디 다니엘스는 보다 상상력을 발휘하여 헬리콥터로 섬을 탈출하는 작전을 구상했다. 원래 섬 상공으로 비행기가 다니지 못하게 돼 있었으나 1970년대 중반에 이르러 금지가 풀린 듯했다. 여객기들이 다니고 유조선과 육지를 오가는 헬리콥터도 보였다. 다니엘스의 아이디어는 남아프리카 군용기로 가장한 헬리콥터가 들어와 만델라를 태우고 케이프타운에 있는 우호국의 대사관으로 가 망명을 신청한다는 것이었다. 이 구상은 루사카의 올리버 탬보에게 전달되었으나 실행에 옮겨지진 않았다.

## 회고록

1975년 7월 18일 만델라는 만 57세가 됐다. 월터 시술루와 아메드 카트라다는 만델라가 60세가 될 때엔 보다 기념할 만한 일이 있어야겠다는 생각이었다. 3년 후 출판할 것을 내다보며 만델라에게 회고록 집필을 제의했다.

리보니아 재판 후 진보적인 언론은 침묵을 강요당하고 수감된 이들의 발언이나 사진도 싣지 못했다. 국민 대중에게 ANC 운동의 정신을 전파할 수 있는 통로가 막힌 셈이었다. 만델라가 자신의 사상, 걸어온 길, 그리고 앞날에 대한 비전을 글에 담아 전한다면 정부의 억압에도 불구하고 자유를 위한 투쟁이 멈추지 않았음을 알리는 의의가 있을 것이었다. 국민과 젊은이들에게 희망과 용기를 줄 수 있을 것으로 기대했다.

만델라는 곧 집필에 착수했다. 능률을 올리기 위해 낮에는 될 수 있으면 자고 밤에 글을 썼다. 첫 1, 2주 동안은 저녁 식사 후 곧 잠자리에 들고 10시 경 깨어나 아침 식사가 올 때까지 썼다. 몇 주 후부터 몸이 좋지 않다는 핑계로 채석장에 가지 않고 잤다.

원고 작업은 이렇게 진행됐다.

> 만델라가 집필한 초고를 매일 시술루와 카트라다가 함께 검토한다. 그들의 의견을 여백에 적어 만델라에게 돌려준다. 만델라는 동료들의 의견을 참고하여 다시 쓴다. 이렇게 수정된 원고를 랄루 치바에게 넘기면 그가 미세한 속기체로 옮긴다 – 그는 보통 10쪽 분량의 원고를 단 한 장에 옮겨 담을 수 있었다. 원고가 최종 완성되면 마하라지가 이를 가지고 나가 출판토록 한다.

만델라는 글을 다듬는 데 그리 시간을 들이지 않았다. 작업이 신속히 진행되어 넉 달 만에 원고가 완성됐다. 출생에서부터 성장, 학업, ANC 활동, 리보니아 재판을 거쳐 로벤 섬의 수감생활까지 다룬 내용이었다. 마하라지가 1976년 석방될 때 이 원고를 숨겨나갔다. 원고의 해외 반출이 확인되면 원본을 파쇄할 계획이었다. 그때까지 500쪽에 달하는 원고를 보관할 방법이 마땅치 않았다. 궁리 끝에 마당

남쪽 끝 가장자리의 꽃밭에 구덩이를 파서 플라스틱에 싼 원고를 묻어두기로 했다. 깊이 파지 않아도 되도록 세 곳에 나누어 묻었다.

그러나 한 곳의 원고가 교도소장의 손에 들어가고 말았다. 만델라와 동료들이 채석장에 나가 있던 사이 진행된 공사 중 원고 뭉치가 발견된 것이었다. 이 일로 4년 동안 공부가 금지됐다. 공부의 특혜를 남용하여 원고를 쓴 것은 불법이라는 이유에서였다.

마하라지는 12월 출소하여 원고를 영국에 보냈다. 자신은 6개월 후에야 가택연금에서 풀려나 루사카를 거쳐 런던으로 빠져 나갈 수 있었다. 거기서 6개월 간 타이피스트의 도움을 받으며 자료를 재구성했다. 이렇게 해서 만들어진 최종 원고 1부를 루사카의 올리버 탬보에게도 전달했다. 이것이 책으로 나오진 않았으나 그 내용은 만델라가 석방된 후 1994년 출판한 자서전Autobiography: Long Walk to Freedom의 뼈대가 됐다.

## 젊은 사자들

1976년 6월 16일 15,000 명의 어린 학생들이 소웨토Soweto에서 봉기했다. 모든 중학교 수업의 1/2을 아프리카너 말로 하도록 한 정책에 반기를 든 것이었다. 학생과 학부모, 그리고 교사들이 모두 반대한 정책이었다.

당국의 대응이 무자비했다. 최루탄도 모자라 총탄으로 시위대를 저지했다. 학생들은 돌과 몽둥이로 맞섰다. 많은 학생이 사망하고 수백 명이 부상당했다. 열세 살 난 헥터 피터슨Hector Pieterson이 총격을 입고 시위 현장에서 실려 나가는 장면에 세계가 경악했다.

시위가 폭동이 되어 전국으로 번져나갔다. 거리에서 붙잡힌 백인 두 사람이 흑인들의 돌아 맞아죽었다. 총격에 희생된 이들의 장례식이 흑인사회의 저항정신을 더욱 불타게 했다. 지하로 잠복했던 ANC는 학생들의 봉기에 합세했다. ANC와 PAC에 대한 금지령이 반아파르트헤이트 운동을 잠재우진 못했다. 운동이 구심점을 잃은 듯했으나 이제 대학사회가 저항정신을 일깨웠다. 흑인 대학생이 늘어나며 학생 조직을 중심으로 운동이 이어졌다.

대학 사회 전체로 보면 남아프리카대학생연맹National Union Of South African Students, NUSAS은 백인 학생들이 주도했다. 그러나 나탈의 의과대학생이던 스티브 비코Steve Biko가 주동이 돼 조직한 남아프리카대학생기구South African Students Organization, SASO는 반아파르트헤이트의 기치를 들고 전국의 대학으로, 그리고 하급 학교로도 조직을 넓혀갔다. 상위 조직으로 결성된 정당 흑인국민총회Black People's Convention는 인도계와 혼혈인을 포용하며 인종차별에 맞섰다. 이와 같은 새로운 조직들이 흑인의식운동을 이끌었고 이 에너지가 소웨토 봉기로 폭발했다.

소웨토 봉기와 이어진 폭동의 혼란 속에 무수한 사상자가 나왔다. 이 와중에 체포되어 로벤 섬에 수감된 이들이 많았다. 만델라는 이들 신세대 투사들을 만나 흑인 사회가 저항 에너지로 충만함을 실감했다. 이들은 용맹스럽고 저돌적이며 분노에 찬 혁명정신으로 무장돼 있었다. 기회 있을 때마다 '아만들라'Amandla를 외쳤다.

열여덟 살 된 젊은이가 교도관과 면담 시에 모자를 벗지 않았다. 선임 교도관이 들어왔을 때 일어서지도 않았다. 교도관이 모자를 벗으라고 이르자 "왜요?"라며 반문했다. 그것이 교도소의 규율이라고 하자 "왜 그런 규율이 있지요? 목적이 뭐에요?"라며 대들었다. 교도관이 감당할 수 없었다. 지켜보고 있던 만델라에게 젊은이를 부탁하고 방을 나갔다.

만델라가 접한 흑인의식운동Black Consciousness Movement, BCM의 일단이었다. BCM은 흑인이 먼저 백인에 대한 열등의식에서 벗어나야 한다고 주장한다. 그래야 흑인 해방을 위해 자신 있게 일어설 수 있음을 설파했다. 만델라가 젊은 시절 투신했던 ANC 청년연맹의 맥을 이들이 잇고 있었다. 그러나 만델라에겐 BCM이 스스로를 가둔 협곡에서 벗어나야 할 것으로 보였다. 흑인임을 강조하며 백인의 역할을 인정하지 않는 것이 문제였다. 모든 인종을 포용하는 ANC의 철학으로 승화돼야 할 것으로 생각했다.

만델라는 흑인 해방 운동 여러 갈래의 서로 다름을 따지기보다 상호 화합을 위해 노력했다. PAC와도 마찰 요인이 많았으나 협력의 가능성을 모색했듯이 지금 BCM의 젊은이들에게도 자신의 견해를 강요하지 않으며 그들의 목소리에 귀 기울였다. 이들 중 다수가 점차 ANC의 큰 텐트 안으로 들어왔다. 바깥에선 당국의 검거를 피한 투사들이 MK에 가담하여 탄자니아, 앙골라, 모잠비크에서 군사훈련을 받고 돌아왔다. 소웨토 봉기가 ANC의 강화로 이어졌다.

## 정원사

1977년 드디어 채석장 노역에서 해방됐다. 교도소 당국이 결국 만델라와 동료들의 요구에 굴복한 것이다. 2년간의 태업go-slow strike이 당국의 결정에 영향을 주었지만 소웨토 봉기 이후 로벤 섬에 수용된 정치범이 늘어난 것도 한 이유였다. 교도관과 수감자의 수를 1 : 3 정도의 비율로 유지해 왔으나 수감자가 급격히 늘어남에 따라 이들을 관리할 손이 부족하게 됐다. 제한된 인력으로 재소자들을 통제하기 위해 이들의 옥외 활동을 줄이고 감방에서 보내는 시간이 많도록 한 것이었다.

이제 공부, 독서, 동료들과의 토론, 법률 자문 준비 등에 좀 더 시간이 들일 수 있게 됐다. 그리고 운동과 정원 가꾸기에도 정성을 기울였다. 정원 가꾸기는 만델라의 남다른 취미이자 스스로가 만들어 낸 일과였다. 포트 헤어 시절부터 몸에 익은 일이었다. 로벤 섬에서는 들어온 지 몇 년이 지나서야 담벼락을 낀 작은 터가 주어졌다.

교도소 마당은 쓰레기 매립지 위에 건설돼서 지반에 돌이 많고 자연 토양이 부족했다. 돌을 걷어내서 식물이 자랄 수 있는 토질을 조성해야 했다. 교도소 당국이 토마토, 고추, 양파 등의 씨를 공급했다. 이 같은 작물은 생명력이 강해 토양이 좀 부족하거나 매우 세심히 보살피지 않아도 잘 자란다. 처음에는 수확이 그리 좋지 않았으나 점차 나아져 자그마한 농원이 됐다. 잘 자란 토마토와 양파를 교도관들에게도 나누어 주었다.

원예에 관한 책을 구해서 정원 가꾸기와 여러 종류의 비료 사용법 등을 공부했다. 그리고 시행착오를 통해 많은 것을 터득했다. 정원은 만델라가 작으나마 자유를 경험할 수 있는 곳이었다. 씨를 심어 작물로 자라는 것을 돌보고 수확하는 과정은 여기서 자신이 관리할 수 있는 부분이었다. 그리고 이렇게도 생각했다.

지도자도 정원사와 같이 씨를 심고 기르고 수확한다. 자기가 기른 것에 대해 책임져야 한다. 모든 과정을 조심해서 돌보아야 하고 간직할 수 있는 것은 지키되 성공하지 못할 것은 버려야 한다. 적은 물리쳐야 한다.

만델라와 동료들은 채석장 노역을 그만둘 무렵 마당에 테니스 코트도 만들었다. 배구도 할 수 있게 되고 탁구대도 들어왔다. 운동 기구와 장비는 국제적십자사가 지원해 주었다. 만델라는 매우 규칙적으로 신체를 단련했다. 전에 복싱 클럽에 다니던 때와 같이 월요일부터 목요일까지 장거리 달리기와 바디 빌딩을 하고 나머지 사흘은 쉬었다. 감방에서도 매일 팔굽혀펴기 100번, 윗몸일으키기 200번 등의 스트레칭을 45분간 했다. 긴장을 풀며 평정심을 되찾는 데 운동만큼 좋은 약이 없었다.

흑인, 인도계, 혼혈인의 식단이 평준화되는 데 15년이 걸렸다. 1979년에 이르러 모든 죄수들이 아침 식사 때 같은 양의 빵과 설탕을 배급받았다. 그러나 평준화로 실제 나아진 것은 없었다. 인도계와 유색인의 몫은 그대로 두고 흑인에 대한 대우를 개선한 것이 아니라 같은 총량을 나누는 방법만 바꾼 것이었다. 그전부터 죄수들 스스로가 각기 배급받은 것을 나누어 먹고 있었다.

수감자의 식사는 다른 이유로 개선되고 있었다. 소웨토 사태 이후 정치범이 현저히 증가하여 로벤섬에 집중적으로 수용됐다. 일반 사범은 상대적으로 소수가 돼 주방 일도 정치범들이 맡게 된다. 이들이 주방으로 들어오며 음식을 스스로나 교도관에게 빼돌리는 일이 없어졌다. 수감자들에게 원래 할당된 몫이 제대로 돌아가 죽에 야채와 육류가 드물지 않게 떴다.

## 제니의 결혼 - 희망

1978년 위니와의 사이에 난 첫 아이 제니Zeni가 결혼 계획을 알려왔다. 예비 신랑은 스와질란드 소부자Sobhuza 왕의 아들 툼부무지Thumbumuzi 왕자였다. 둘이 유학 중 만나 이제 부부가 되기로 약속한 것이었다. 만델라는 딸의 결혼을 허락하기 전 예비 신랑을 면담하는 아버지의 역할을 수행할 수 없어 친구이며 변호사인 조지 비조스George Bizos가 그를 대신했다.

결혼이 원만히 이루어져 제니가 스와지 왕가의 일원이 됨에 따라 외교 특권diplomatic privileges을 누리게 되고 아버지를 언제든지 면회할 수 있었다. 그해 겨울 갓 낳은 딸을 안고 부부가 로벤 섬을 찾았다. 만델라가 제니를 아기 때 떠나온 후 처음 만나는 날이었다 - 그때의 아기가 이제 다 자라 어머니가 되다니! 제니는 아버지를 보자 바로 달려와 안겼다. 만델라는 공상과학소설science fiction의 장면을 경험하는 듯했다. 아기 외손녀의 손을 잡는 순간 행복한 마음에 모든 것이 녹아들었다.

만델라는 아기의 이름을 자지웨Zaziwe로 지어주었다. '희망'이라는 의미였다. 만델라는 수감 생활 중에도 희망을 버린 적이 없었고 앞으로도 버리지 않을 것이다. 이 아기는 남아프리카의 신세대를 이룰 것이며 그들에게 아파르트헤이트는 먼 과거의 기억으로 남을 것이다 – 이것이 만델라의 희망이었다.

# 09

# 협상의 험로

Nelson Rolihlahla Mandela

## 만델라 석방 운동

1980년 루사카에 망명 본부를 둔 ANC는 '만델라 석방 운동Free Mandela Campaign'을 펴기로 했다. 지도자 만델라를 자유와 민권의 화신으로 부각시키는 전략이었다. 남아프리카뿐만 아니라 세계 각처에서 만델라와 동료 정치범의 석방을 호소하는 서명 운동이 펼쳐진다.

그전 해에 인도는 만델라에게 자와할랄 네루 인권상Jawaharlal Nehru Human Rights Award을 수여했다. 만델라는 수상식에 참여할 수 없어 올리버 탬보가 그를 대신했다. 만델라 석방 운동이 시작된 이듬해에 런던대학교University of London 학생회는 만델라를 명예직인 대학의 부총장university chancellor 후보로 지명했다. 앤 공주Princess Anne와 잭 존스Jack Jones 노조위원장도 후보로 올라있었다.

캠페인은 ANC 운동에 다시 활기를 불어넣었다. 아파르트헤이트의 부조리에 대한 국제적인 관심이 고조되는 가운데 남아프리카의 흑인 해방과 민주화에 대한 희망이 다시 소생하고 있었다. MK의 사보타지 투쟁도 사그라들지 않았다. 요하네스버그 남쪽의 정유소, 트란스발의 발전소, 그리고 여러 지방 경찰소가 폭파됐다.

## 폴스무어 보안 교도소

만델라는 1982년 3월 로벤 섬을 떠나 케이프타운 남동쪽 근교의 폴스무어 보안 교도소Pollsmoor Maximum Security Prison로 이송됐다. 갑작스레 이송 통보를 받아 18년간 같이 지낸 동료들과 작별 인사도 제대로 나누지 못하고 섬을 떠나야 했다. 월터 시술루, 레이먼드 믈라바, 그리고 앤드루 믈랑게니도 함께 옮겼다. 당국이 B동의 지도자들과 다른 정치범들을 떼어놓으려는 의도인 듯했다. 몇 달 후 합류한 아메드 카트라다를 포함하여 이곳에 온 다섯 중 넷이 로벤 섬의 정치범 지휘부The High Organ를 구성했던 이들이었다.

로벤 섬에 비하면 이곳은 5성급five-star 호텔과 같았다. 3층 건물의 제일 위층을 만델라와 동료들이 함께 썼다. 150평방미터 정도의 공간에 각자의 침대가 있고 싱크대, 화장실, 샤워 부스가 딸려 있었다. L자 형의 넓은 베란다도 있어 바깥 공기를 쐴 수 있었다. 침대 시트, 타월 등도 제공됐다. 만델라는 책상, 의자, 책장이 있는 작은 별실을 서재로 사용했다.

식단도 훌륭했다. 18년 동안 하루 세 끼 옥수수죽만 먹다가 제대로 조리된 육류와 채소를 대하니 매일 파티가 열리는 것 같았다. 신문과 잡지도 배달됐다. 미국의 타임Time, 런던에서 나오는 주간 가디언The

Guardian Weekly 등을 통해 국내외의 상황을 파악할 수 있었다.

이곳은 로벤 섬에 비하면 가족들이 면회 오기도 쉬웠다. 옮긴 후 얼마 지나지 않아 위니가 왔다. 면회실 유리 칸막이를 통해 위니의 상반신을 볼 수 있었고 마이크 성능이 좋아 목소리가 잘 들렸다. 입회관도 공손한 편이었다. 1984년 5월 위니가 제니와 손녀를 데리고 왔을 때는 칸막이 없는 방에서 입회관 없이 그들을 만날 수 있었다. 21년 만에 아내를 품에 안으니 꿈을 꾸고 있는 것 같았다. 영원히 그렇게 있고 싶었다. 딸 제니와 아기가 없었더라면 아내의 손을 놓지 못했을 것이다.

만델라는 여기서도 정원을 조성했다. 이번엔 교도소가 제공한 드럼통 16개의 허리를 잘라 32개의 대형 화분을 만들었다. 이들을 자양이 풍부한 흙으로 채워 양파, 가지, 양배추, 브로콜리, 배추, 토마토, 후추, 딸기 등 온갖 식물을 길렀다. 9백 여 식물이 자라는 작은 농원이 됐다. 교도소장과 교도관들이 자신들이 좋아하는 식물의 씨를 가져다주었고 양질의 비료도 공급했다.

만델라는 매일 아침 2시간 정도 이 밭을 가꾸었다. 일요일마다 신선한 채소를 주방에 가져다주어 일반 재소자들도 특식을 즐길 수 있게 했다. 거두어들인 것의 많은 부분을 교도관들이 집에 가져갈 수 있게 주었다.

## 협상의 서막

아파르트헤이트 정권의 고민은 깊어만 가고 있었다. 1981년 남아프리카 군이 모잠비크 마푸토의 ANC 사무실을 습격하여 여자와 어린이를 포함한 13명의 목숨이 희생됐다. 이듬해 연말엔 MK가 케이프타운 인근에 건설 중이던 원자력 발전소를 폭파했다. 같은 달 정부군이 레소토 마세루의 ANC 지부를 공격하여 42명이 사살됐다. 이에 대한 보복으로 MK는 1983년 5월 프리토리아 도심의 공군 및 군사 정보 기관을 목표로 차량 폭탄을 터뜨렸다. 19명이 목숨을 잃고 200여 명이 부상당했다. MK의 의도와는 달리 민간인까지 다수 희생된 것이었다.

이렇게 무력 사용과 보복을 주고받는 악순환은 정부도 감당하기 어려웠다. 보타Botha 정부는 양면 전략을 폈다. 군사적인 압박을 가하면서 정치적으로는 분할 · 지배divide-and-rule의 전법을 시도했다. 의회를 3원제tricameral system로 바꾸어 인도계와 혼혈인이 신설될 제3의 의회의 구성토록 하는 안이었다. 인도계와 혼혈인의 흑인 사회와의 연대에 쐐기를 박고자 했다. 그러나 이런 새 기구가 출현하더라도 언제나 백인 의회의 거부권veto 행사가 가능한 구도여서 그리 설득력 있는 구상이 아니었다. 사실 인도계와 혼혈 유권자 80%가 1984년 선거를 보이콧했다.

ANC와 연계된 풀뿌리 저항 운동이 그 저변을 넓혀가고 있었다. 1983년 아파르트헤이트에 항거하는 600여 개의 사회단체노동조합, 지방 주민 모임, 교회, 학생회 등를 아우르는 연합민주전선United Democratic Front, UDF이 결성됐고 만델라가 그 후견인으로 위촉됐다. ANC 활동이 불법화된 지 20년이 넘었으나 그 정신은 부활하고 있었다.

반아파르트헤이트 운동의 국제적 연대가 형성됐다. 유럽, 아시아, 중남미 100여 개 국가의 시민 사회 단체들이 동참했다. 데스몬트 투투 대주교가 1984년 노벨평화상을 수상했다. 국제사회의 경제 제재가 남아프리카 정부를 압박하고 있었다.

내외의 압박이 가중되는 가운데 보타 정부는 타개책을 찾아야 했다. 협상을 통해 돌파구가 마련될 수 있을지 궁리해 보았다. 협상을 시도한다면 가장 신뢰할 수 있는 상대는 만델라였다. 그는 투명한 철학과 체계적인 논리를 겸비한 인물이었고 흑인 사회의 신망이 두터운 지도자였다. 만델라 자신이 정부와 협상 테이블에 앉기를 바란다고 했다. 그를 설득할 수 있다면 상황을 가라앉힐 수 있을 것으로 기대했다.

정부는 먼저 교도부 장관Minister of Prison 크루거Kruger를 내세워 그의 심경을 떠보았다. 만델라가 고향 트란스케이로 돌아가 여생을 보낸

다면 그를 석방하겠다고 했다. 물론 이 같은 제의에 만델라가 응할 리 없었다.

1984년 말부터 이듬해 초 사이 명망 있는 해외 인사를 통해 다시 타진했다. 영국 상원과 유럽의회 의원인 니컬러스 베텔 경Lord Nicholas Bethell이 방문하여 만델라를 만났다. 이 때 무장 투쟁이 주요 화두였다. 만델라는 이 같은 갈등이 불가피하도록 내몬 정부를 비판했다. 얼마 후 내방한 미국 조지타운대학Georgetown University 법학부의 대시Samuel Dash 교수와의 면담에선 미래의 남아프리카는 여러 인종이 화합·공존하는nonracial 단일 국가가 돼야 함을 강조했다. 모든 국민이 참정권을 갖는 의회민주주의 국가의 미래상을 그려 보였다. 만델라는 ANC가 무력을 통해 정부를 굴복시킬 수 없으나 정부도 현재의 갈등 상황을 끌고 갈 수 없을 것이라 했다.

이윽고 보타 대통령이 직접 운을 뗐다. 1985년 1월 31일 의회 연설에서 ANC가 폭력 사용을 조건 없이 포기한다면 만델라와 그 외의 모든 정치범을 석방하겠다고 했다. 그러면서 지금 그의 석방을 가로막고 있는 것은 남아프리카 정부가 아니라 만델라 자신이라고 했다. 조건부 석방의 제의는 그 전에도 여러 차례 있었다. 이제 대통령이 의회에서 이렇게 공식 발언한 것으로 보아 정부가 현 상황을 타개하기 위해 고심하고 있는 것이 분명했다.

만델라는 입장을 분명히 해야 했다. 먼저 피크 보타Pik Botha 외무장관 앞 서신을 통해 대통령이 ANC가 받아들일 수 없는 조건을 제시하고 있음을 지적했다. 그리고 남아프리카 국민과 흑인 사회를 향해서도 지금 국가가 당면한 문제의 근원과 자신이 앞으로 취할 행보에 대해 설명했다. 1985년 2월 10일 소웨토의 자부라니 경기장Jabulani Stadium에서 열린 UDF 집회에서 딸 진지Zindzi가 만델라의 연설문을 대독했다.

"저는 ANC의 변함없는 회원이며 죽는 날까지 ANC의 회원일 것입니다. 올리버 탬보는 저에게 형제 이상의, 50년 간 같이 일해 온 동지입니다. 그보다 더 저의 자유를 바라는 이는 없을 것입니다. 그는 저의 자유를 위해 목숨까지 바칠 동지임을 저는 알고 있습니다. …

정부가 저의 석방을 위해 제시한 조건에 놀라움을 금할 수 없습니다. 저는 폭력을 바라지 않습니다. 우리가 무장 투쟁의 길로 들어설 수밖에 없었던 것은 정부에 저항할 수 있는 다른 방법이 없었기 때문입니다.

보타Botha 대통령은 자신이 말란Malan, 스트리돔Strijdom, 베어우드Verwoerd와는 다른 사람임을 보여줘야 할 것입니다. 아파르트헤이트를 해체하고, ANC에 대한 금지령을 해제하고, 모든 정치범을 석방하고, 망명객이 고국으로 돌아오도록 해야 합니다. 모든 국민에게 정치 활동의 자유를 인정하여 국민이 누가 이 나라를 다스릴 것인지를 결정하도록 해야 할 것입니다.

저는 저의 자유를 소중히 여기지만 여러분의 자유를 더 소중히 여깁니다. 제가 투옥된 후 많은 인명이 희생됐습니다. 많은 사람이 고통을 겪었습니다. 많은 미망인, 고아, 어머니와 아버지가 그들을 위해 눈물을 흘렸습니다. ... 저는 저의 자유를 위해 여러분의 기본권을 팔아넘길 수 없습니다.

시민운동이 금지돼 있는데 저의 자유가 무슨 의미가 있겠습니까? 통행증법을 어겼다고 체포될 수 있다면 저의 자유가 무슨 의미이겠습니까? 제 아내는 브랜드포트Brandfort에 유배돼 있는데 저의 자유가 무슨 의미가 있을까요? 도시 지역 거주를 위해 허가를 받아야 하는데 저의 자유가 무슨 소용일까요? 저의 남아프리카 시민권이 존중되지 않는다면 저는 자유인일까요?

자유로운 사람만이 협상할 수 있습니다. 죄수는 계약을 맺을 수 없습니다. 저와 여러분, 그리고 모든 국민이 자유를 누리지 못하는 상황에서 저는 아무런 약속도 할 수 없습니다. 여러분의 자유와 저의 자유는 분리할 수 없습니다. 저는 돌아올 것입니다"

두 가지가 분명해졌다. 첫째 만델라와 ANC의 입장이 서로 다를 수 없으며, 둘째 만델라가 자신의 석방을 위해 흑인 사회의 여망을 버리지 않을 것임을 밝혔다.

## 평화의 사자使者?

1985년 만델라는 전립샘 비대증 진단이 내려져 수술을 받아야 했다. 수술에 들어가기 전 예상치 않았던 문안객을 맞았다. 코비 쿠체Kobie Coetsee 법무장관이었다. 얼마 전 만델라가 그에게 서신을 보내 ANC와 정부 간 대화가 필요함을 강조했었다. 아무런 반응을 보이지 않다가 입원한 친구를 위문하듯이 갑자기 나타난 것이다. 정부가 보낸 평화의 사자使者 같았다. 정부도 ANC와의 대화가 불가피함을 인식하고 조심스럽게 그 가능성을 타진하는 듯했다.

두 사람의 대화는 매우 우호적이었다. 앞으로의 협상에 대해 진지하게 논의할 겨를은 없었으나 아내의 처지와 관련해서 거론할 문제가 있었다. 위니는 집에서 강제 퇴거당하여 브랜드포트Brandfort에 유배되다시피 했었다. 그곳의 임시 거처도 폭파당해 요하네스버그로 돌아올 수밖에 없었다. 위니가 계속 요하네스버그에 거주할 수 있도록 당국의 선처를 요청했다.

수술 후 며칠간의 정양을 거쳐 폴스무어로 돌아오는 날 교도소장이 데리러 왔다. 무슨 이유가 있음이 분명했다. 그는 만델라가 동료들과 합류하지 않고 혼자 지낼 수 있게 별도의 거소를 마련했다고 했다. 그가 안내한 곳은 동료들이 수감된 건물의 1층으로 작은 아파트와 같은 공간이었다. 홀을 가운데 두고 침실, 서재, 운동실 등 방이 셋인, 감옥으로서는 궁전과 같은 시설이었다.

동료들을 만나려면 별도로 신청하여 허락을 받아야 했다. 이런 점은 불편했으나 한편 혼자 격리돼 있다는 사실이 정부와의 협상을 진전시킬 수 있는 기회로도 여겨졌다. 지금은 목적 달성을 위해 정부와 대화해야 한다. 대화의 기회를 포착하지 않는다면 ANC와 정부 양측 다 폭압과 무력 충돌의 수렁에 빠져들 것이다. 이런 생각이 그를 사로잡았다.

정부와 ANC가 대화의 당사자가 됨이 마땅하다. 그러나 ANC 본부는 루사카Lusaka에 망명 중이고 만델라가 협상을 준비하기 위해 올리버 탬보와 충분히 협의할 수도 없었다. 누군가 대화의 첫걸음을 내디뎌야 하는 상황에서 자신의 뜻하지 않았던 고립이 행동의 자유와 기밀을 유지할 수 있는 여건일 수도 있었다. 때로는 지도자가 국민을 새로운 방향으로 이끌어야 하며 지금이 바로 그런 때라는 판단에 이르렀다.

몇 주 후 만델라는 쿠체 법무장관에게 서신을 보내 향후 협상의 절차를 먼저 협의할 것을 제의했다. 아무런 반응이 없었다. 재차 편지를 보냈으나 여전히 무소식이었다. 다시 기회가 오기를 기다릴 수밖에 없었다. 그 기회가 1986년 초 찾아왔다. 그전 해 10월 나소Nassau에서 열린 영연방The British Commonwealth 회의에서 남아프리카에 대한 국제 제재에 참여할 것인지 여부를 결정하지 못했다. 대신 각국 사회 지도자들로 구성된 대표단을 남아프리카에 파견하여 국제 제재가 아파르트헤이트를 종식시킬 수 있는 적절한 방도인지를 조사키로 합의했다. 이런 배경에서 프레이저Malcolm Fraser 전 호주 수상과 나이제리아의 오바산조 장군General Olusegun Obasanjo을 비롯한 7명의 '명사名士 그룹Eminent Persons Group'이 남아프리카를 방문하게 됐다.

만델라가 이 명사 그룹을 만나기 이틀 전 먼로Munro 교도소장이 재단사를 데리고 왔다. 만델라가 죄수복을 벗고 양복 차림으로 내객을 맞을 수 있도록 했다. 귀빈들이 방문했을 때 쿠체 법무장관과 윌렘스W. H. Willemse 교도청장이 동행했다. 그러나 이 둘은 오래 머물지 않고 떠났다. 명사들과의 회합에선 만델라의 정치 이념, 그가 희망하는 남아프리카의 미래상, 폭력 사용 포기와 향후의 협상에 대한 전망, 국제 제재 등 많은 중요한 사안들에 대한 견해가 오갔다. 만델라는 자신의 청사진을 제시했다.

(1) 자신은 남아프리카 민족주의자며 공산주의자가 아니다.
자신은 모든 인종을 포용하는 민족주의를 신봉한다.

(2) 「자유의 헌장」은 민주주의와 인권 옹호를 위한 장전이며,

사회주의를 지향하지 않는다.

(3) 새로 탄생할 남아프리카에서 백인의 시민권이 보장될 것이다.
이 사안에 관한 정부와 ANC 간의 충분한 대화가 바람직하다.

(4) 폭력으로는 남아프리카가 당면한 문제를 해결할 수 없다.
정부가 흑인 거주 지역에서 군대와 경찰을 철수한다면,
ANC가 폭력 사용의 중지를 선언할 수 있을 것이다.

(5) 자신의 석방만으로는 지금의 갈등 상황을 가라앉힐 수 없다.
근원적인 문제들에 대한 진지한 대화가 있어야 한다.

이는 정부에 대한 메시지이기도 했다. 대표단은 국민당 정부 인사들과 루사카의 올리버 탬보를 만난 후 만델라와 다시 회동하기로 했다. 대화의 단초가 마련되는 듯했다. 그러나 뜻밖의 사태가 상황을 미궁에 빠트렸다. 5월 영연방 명사 그룹이 다시 만델라를 만나기로 돼 있던 하루 전 정부군이 보츠와나, 잠비아, 짐바브웨의 ANC 지부에 공습과 특공대 공격을 감행했다. 보타 대통령이 직접 지시한 작전이었다. 대표단은 정부 각료들을 만나기로 한 계획을 취소하고 남아프리카를 떠났다.

정부가 영연방의 대표단을 받아들이고 만델라와의 만남도 주선했다가 해외의 ANC 지부에 대한 돌발적인 군사 공격을 감행한 것은 상식적으로 이해할 수 없는 일이었다. 두 가지 가능성을 생각해 볼 수 있었다. 먼저 정책 혼선에서 빚어진 것으로 해석할 수 있었다. 국민당 정부 내의 아파르트헤이트를 고수하려는 강경 보수파와 국제사회의 요구에 부응하여 현 상황을 타개해 보려는 협상파의 견해가 서로 엇갈린 결과로 보는 시각이다. 다른 한편 국민당 정부가 만델라를 상대로 이중 전술을 구사했을 가능성도 있다. 만델라에게 대외 접촉의 창구를 열어주면서 군사력으로 ANC를 압박함으로써 만델라와의 협상을 정부가 바라는 쪽으로 끌고 가려 했던 것이 아닐까?

## 인내

보타 정부의 행동은 강력한 저항을 불어왔다. 반정부 무력 투쟁이 최고조에 달하고 민중 봉기가 이어졌다. 나라가 치안 부재 상태였다. 국제사회의 압박이 날로 강해지고 있었다. 1986년 6월 12일 정부는 국가비상사태를 선언했다. 만델라는 이렇게 상황이 어려울 때일수록 이니셔티브를 취해야 할 것으로 보았다. 누구나 곤경이 깊을수록 탈출구를 찾기 마련이고 지금 정부도 마찬가지일 것이다. 대화의 창구가 막히지 않도록 자신이 노력해야 한다는 생각이었다.

윌렘스 교도청장 앞 서신을 준비하여 먼로 교도소장에게 건넸다. 이렇게 하여 교도청장과의 만남이 이루어졌고 그를 통해 쿠체 법무장관을 다시 만나게 됐다. 정부 측에서도 이런 회합을 기대하고 있었던 듯했다. 케이프타운의 쿠체 장관 관저에서 3시간 정도 의견을 나누었다. 장관은 문제의 핵심을 잘 이해하고 있었다. 어떤 경우 ANC가 무력 사용을 중지할 수 있을지, 미래의 남아프리카 헌법이 소수측, 백인의 안전과 시민권을 보장할 수 있을지, 또 만델라가 ANC 전체를 대변하는 것으로 보아도 좋을지 등을 물었다.

만델라는 영연방 명사 그룹에게 한 말을 되풀이했다. 그리고 보타 대통령과 피크 보타 외무장관과의 면담을 요청했다. 쿠체 장관은 적절한 경로로 그의 뜻을 전하겠다고 했다. 정부가 지금의 교착 상태에서 벗어나기 위해서는 기존 입장의 수정이 불가피함을 인식하고 있는 듯 했다.

만델라는 쿠체 장관과의 만남에 대해 아무에게도 말하지 않았다. 동료들에겐 바람직한 방향으로 대화가 진전되는 경우 알려도 좋을 것으로 생각했다. 그러나 더 이상의 진전은 없었다. 몇 달이 지나도록 쿠체 장관은 기별이 없었다. 만델라는 다시 편지를 썼다. 법무장관의 회신은 없었으나 만델라의 심경 변화를 유도하려는 움직임이 나타났다. 크리스마스 며칠 전 교도소 부소장이 그에게 특별한 일이 아니라는 듯이 케이프타운 주변을 한번 둘러보지 않겠느냐고 제의했다. 이렇게 해서 교도소 문 앞에서 대기하고 있던 그의 차를 타고 관광객이 된 듯 도시 일대의 자연과 삶을 유람하게 됐다.

아름다운 해변도로를 거쳐 주택가로 들어가 쇼핑하는 여인, 개를 데리고 산책 나온 젊은이, 한가히 햇볕에 몸을 내맡긴 노인의 모습을 보니 자신이 이런 평범한 일상에서 얼마나 오래, 멀리 떨어져 있었나를 실감했다. 나라가 아파르트헤이트 폭풍에 휩싸여 있었으나 백인들의 삶은 풍요롭고 안온했다.

이날을 시작으로 케이프타운뿐만 아니라 인근의 해변과 산으로도 여러 차례 '소풍'을 나갔다. 때로는 부소장 대신 다른 교도관이 동행했다. 하루는 브랜드Brand라는 젊은 교도관의 집을 방문하여 그의 아내와 아이들도 만났다. 만델라는 이후 매년 크리스마스 때마다 이 아이들에게 카드를 보냈다. 당국은 이렇게 만델라에게 자유로운 삶의 순간들을 체험해보게 했다. 자신의 자유를 갈구하며 정부와의 협상에서 보다 유연한 태도를 보일 수 있기를 기대했다.

## 비밀 회담

1987년 쿠체 법무장관과의 접촉이 재개됐다. 여러 차례의 협의를 거친 후 정부 측이 처음으로 대화 기구의 구성을 제의했다. 쿠체 장관을 위원장으로 윌렘스 교도청장, 반 데어 메르웨Fanie van der Merwe 교도부 국장, 그리고 국가정보국장 닐 바나드Niel Barnard 박사가 참여하는 위원회를 구성하여 만델라와 협상한다는 구상이었다.

만델라는 세 가지에 유의했다. 첫째, 이제 폴스무어 3층 동료들의 의견을 들어 보아야 했다. 둘째, 루사카의 탬보에게 상황을 알리고 그의 견해를 들어보아야 했다. 셋째, 보타 대통령 앞의 비망록memorandum을 작성하여 자신과 ANC의 나라가 당면한 중요한 문제에 대한 견해를 밝힐 계획이었다. 이 비망록이 향후 협상의 기초가 된다.

월터 시술루의 반응은 신중했다. 정부가 먼저 대화에 보다 적극적인 자세를 취했어야 했다는 견해였다. 만델라의 대화 노력을 인정하면서도 실수가 빚어지지 않을지 걱정하는 기색이었다. 레이먼드 믈라바와 앤드류 믈랑게니는 매우 긍정적인 반응이었다. 진작 이런 대화가 있어야 했다고 했다. 아메드 카트라다는 협상엔 원칙적으로 찬성하지만 만델라의 적극적인 접근이 정부에 대한 항복으로 비쳐질 수 있음을 우려했다. 그러나 만델라의 앞을 가로막진 않겠다고 했다.

얼마 후 루사카의 올리버 탬보로부터 전갈이 왔다. 만델라가 얼마 동안 3층의 동료들과 떨어져 있었다는 사실을 알았다고 하며 혹시 혼자 협상을 진행하며 잘못된 길로 들어서지 않을지 염려하는 분위기였다. 만델라는 회신에서 자신의 협상 목표는 ANC 전국집행위원회와 남아프리카 정부 간의 대화를 이끌어내는 것이라며 그를 안심시켰다. 어떤 경우에도 조직의 명예를 위태롭게 하지 않을 것임을 다짐했다. 보타 대통령 앞의 비망록이 준비되면 탬보와 집행위원회의 우려가 가라앉을 것으로 생각했다.

비밀 회담은 폴스무어 구내의 장교 클럽에서 1988년 5월 시작됐다. 만델라는 쿠체 장관과 윌렘스 교도청장과는 구면이었으나 반 데어 메르웨 국장과 바나드 박사는 여기서 처음 만났다. 반 데어 메르웨 국장은 침착하며 말을 삼가는 편이었다. 바나드 박사는 30대 중반으로 보타 대통령의 측근 정보통으로 알려져 있었다.

회담은 몇 달 동안 거의 매주 열렸다. 그러다가 한 달 정도의 휴지기간을 거쳐 다시 그렇게 이어졌다. 만델라가 회담 초기에 느낀 것은 이들 참여자들 모두가 정부 정보기관에서 생산한 자료에 의존하여 ANC를 평가하고 있다는 사실이었다. 먼저 ANC의 역사, 기본 이념과 비전vision을 설명하는 데 상당한 시간을 들였다. 그리고 앞으로 풀어나가야 할 문제들에 대한 자신의 소견을 피력했다.

무장 투쟁과 관련한 토의가 몇 달 동안 계속됐다. 쿠체 장관 측은 ANC가 폭력 사용과 무장 투쟁을 포기해야 정부와의 협상이 가능할 것이며 만델라와 보타 대통령의 면담을 주선할 수 있을 것이라 했다.

만델라는 이미 밝힌 입장을 다시 설명했다. 압제자인 정부의 폭력이 피압박 민족 흑인의 무장 투쟁을 불러왔으며, 정부가 평화적인 수단으로 일관한다면 ANC도 평화적인 방법으로 되돌아갈 것이라 했다.

바나드 박사는 정부의 난처한 입장을 털어놓았다. 폭력을 사용하는  집단과는 협상하지 않는다는 원칙을 천명한 터에 ANC와의 대화를 공식화하기 어렵다는 설명이었다. ANC가 타협의 자세를 보여준다면 정부에게 협상의 명분이 생길 것이라 했다. 그러나 만델라는 기본 원칙을 포기할 순 없었다. 정부의 체면이나 협상의 명분 등의 문제는 ANC가 아닌 정부 자신이 해결해야 하며, ANC와의 협상 없이는 현재의 난국을 타개할 수 없음을 설명해야 할 것이라고 했다.

ANC와 공산당과의 연대에 대한 정부의 우려는 만델라가 생각한 이상이었다. 소련 공산주의 제국의 영향 아래 있는 남아프리카 공산당이 ANC를 사실상 장악했다는 인식이었다. 만델라는 ANC와 공산당은 별개의 조직이며 반아파르트헤이트 운동을 위해 연대했을 뿐이라고 했다. ANC와 공산당의 기본 이념과 전략이 서로 어떻게 다른지, 그리고 운동의 전술에 대해 이견이 있었던 경우 ANC가 공산당을 설득하여 이끌었음을 설명했다. 공산당과의 연대를 끊으라는 요구에 대해서는 적을 만족시키기 위해 오랜 세월 고락을 같이한 벗을 버릴 수 없음을 지적했다.

「자유의 헌장」에서 천명하고 있는 산업 국유화 문제도 거론됐다. 만델라는 ANC는 경제 활동 결실의 보다 균등한 배분을 지향하며 국유화는 이미 독점적 지위를 누리고 있는 산업에 국한될 것임을 전망했다. 그가 1956년 「해방The Liberation」지의 기사에서 밝혔듯이 「자유의 헌장」은 사회주의가 아니라 아프리카식 자본주의를 위한 청사진임을 설명했다.

장래 다수 흑인이 남아프리카 정부를 장악한다면 ANC는 소수 백인의 권리를 어떻게 보호할 것인지도 토론의 핵심 사안이었다. 만델라는 남아프리카 역사에서 ANC만큼 모든 인종의 화합을 지향한 조직은 없었음을 떠올렸다. 「자유의 헌장」 전문은 "남아프리카는 이 나라에서 살고 있는 흑 · 백 모두의 국가임"을 선언하며 다수majority와 소수minority가 공존하는 사회를 내다보고 있다고 했다.

## 데 클레르크의 등장

남아프리카의 정정은 불안했다. 정부는 1987년과 1988년 국가비상사태State of Emergency를 선언했고 국제사회의 압박이 가중되고 있었다. 외국인 투자 기업들이 이 나라를 떠나고 있었고 미국 의회는 국민당 정권에 대한 광범한 제재를 촉구했다.

ANC가 1987년 창립 75주년을 기념했다. 연말 탄자니아에서 열린 기념식에 50여 나라에서 대표단을 보내왔다. 올리버 탬보는 남아프리카 정부가 아파르트헤이트의 종식을 위해 협상 테이블로 나올 때까지 무력 투쟁을 멈추지 않을 것임을 선언했다. 조직은 2년 전 최초로 흑인이 아닌 전국집행위원회National Executive Committee, NEC 회원을 선출했었다. 당시 NEC는 구속된 ANC 지도부 인사들을 석방해야 정부와의 협상이 가능할 것이라고 했다.

이런 가운데도 백인 사회의 국민당 정부에 대한 지지는 변함이 없어 보였다. 1987년 5월 선거에서 대승했고 국민당보다 더 완고한 보수당The Conservative Party이 제1 야당으로 등장했다. 보수당은 정부가 흑인들의 항거에 지나치게 무르게 대응한다며 비판했다.

만델라는 폐결핵의 진단을 받고 입원했다. 습기 찬 폴스무어 교도소에서 얻은 병인 듯했다. 약 2개월 간 치료를 받은 후 건강을 회복했다. 1988년 12월 퇴원했을 때 폴스무어가 아닌 다른 거소가 그를 기다리고 있었다. 안내받아 도착한 곳은 빅터 베스터Victor Verster라는 감옥과 안가安家의 중간 쯤 되는 공간이었다.

케이프타운에서 동북쪽으로 50킬로 정도 떨어진 곳으로 오랜 네덜란드인 정착지였던 팔Paarl 주변의 포도밭이 펼쳐진 곳에 들어선 시설이었다. 만델라를 태운 차는 입구를 지나 숲이 우거진 구불구불한 비포장 도로를 달려 담을 등지고 있는 작은 집에 이르렀다.

중앙의 널찍한 응접실 측면으로 부엌이 있고 침실이 셋 있었다. 뒤뜰엔 수영장도 있었다. 전나무들이 그늘을 드리웠다. 건물을 지키는 경비원들이 이 목가적인 풍경과 잘 어울리지 않았다. 이튿날 오후 쿠체 장관이 케이프 와인을 들고 방문했다. 그는 집의 시설을 둘러보며 이곳을 마지막으로 만델라가 자유의 몸이 되리라 했다. 만델라가 편안히 회담에 임할 수 있도록 이 집을 준비했다고 했다.

한때 로벤섬에서 근무했던 스워트 준위Warrant Officer Swart가 요리사로 배치됐다. 아침 7시에 와서 오후 4시에 퇴근할 때까지 조반, 점심, 저녁을 의사의 조언을 따라 조리했다. 설거지도 자신의 임무라 우겼으나 만델라의 고집을 이기지 못해 그 일은 양보해야 했다. 저녁은 만델라가 마이크로 오븐에 데워 먹을 수 있도록 준비해두고 갔다. 만델라는 여기서 손님도 맞을 수 있었다. 그럴 때면 스워트가 특별한 요리를 내왔다.

스워트는 만델라의 동생처럼 됐다. 아프리카너말Africaans을 하는 그는 영어를 더 배우고 싶어 했고 만델라는 아프리카너말이 부족했다. 두 사람이 대화할 때 스워트는 영어로 말하고 만델라는 아프리카너말을 쓰며 실력을 향상시키기로 했다.

쿠체 법무장관 팀과의 회담이 다시 열렸으나 별다른 진전이 없었다. 그러던 중 보타 대통령에 대한 예방courtesy call 성격의 만남이 이루어졌다. 민감한 사안에 대한 논의가 제대로 오갈 수 있는 자리가 아니었다. 보타 대통령은 얼마 전 뇌졸중으로 쓰러진 후 건강을 회복하고 있는 중이었다.

약 한 달 후인 1989년 8월 보타 대통령이 물러나고 데 클레르크F. W. de Klerk가 '변화와 개혁'을 약속하며 새 대통령이 됐다. 그는 취임사에서 나라의 안녕과 평화를 위해 모든 정치 사회 세력과 대화할 것이라고 했다. 이는 공허한 약속이 아니었다. 데스몬드 투투Desmond Tutu와 앨런 부사크Allan Boesak 목사가 이끄는 경찰의 잔혹함에 항의하는 시위 행진을 막지 않았다. 전 정권이라면 금지령을 내리고 병력을 동원해 진압했을 시위였다.

데 클레르크 대통령은 10월 10일 8명의 정치범 석방을 발표했다. 이 속에 포함된 월터 시술루, 레이먼드 믈라바, 아메드 카트라다, 앤드류 믈랑게니 등 동료들이 이튿날 만델라를 방문했다. 긴 투쟁의 감회를 나누었다. 이들의 석방에 어떠한 조건도 없었다. 이제 다시 ANC 지도부의 일원으로 활동할 수 있게 됐다. ANC에 대한 금지령이 사실상 철회됐다. 새 정부는 아파르트헤이트 체제의 단계적 해체에 착수했다. 흑인에게 공원, 해수욕장, 극장, 레스토랑, 버스, 도서관, 화장실 등 공공시설의 이용을 제한했던 법령을 폐지할 계획이었다. 11월엔 보타 정부에서 반아파르트헤이트 운동을 억압해온 국가보안관리체제National Security Management System의 해체를 선언했다.

데 클레르크 대통령 측은 만델라와의 면담 계획을 알려왔다. 만델라는 대통령을 만나기 전 많은 동료들의 조언을 구했다. 전국 각처의 ANC 지도자들이 빅터 베스터로 만델라를 방문했다. 연합민주전선United Democratic Front, UDF과 대중민주운동Mass Democratic Movement, MDM, 그리고 COSATU와 전국광산노조National Union of Mine Workers, NUMW 지도자들의 견해를 들으며 대통령과의 면담을 준비했다.

대통령 앞 서한을 준비했다. 만델라는 대통령이 취임사에서 화해의 정신을 강조한 데 대해 치하했다. 그의 이 발언이 새로운 남아프리카의 탄생에 대한 희망을 불러일으켰다고 했다. 화해를 위한 첫 걸음은 아파르트헤이트의 완전한 해체임을 강조했다. 앞으로의 회담을 위해 ANC의 1989년 하라레 선언Harare Declaration을 지지한다고 했다. 모든 정치범을 석방하고, 모든 조직과 개인에 대한 정치활동금지령을 해제하며, 국가비상사태의 종식을 선언하고, 흑인 거주지에서 군대를 철수하며, 정부와 ANC가 동시에 무력 사용의 중지를 선언하면 대화의 문이 열릴 수 있을 것이라 했다. 이런 내용의 편지를 대통령을 만나기 하루 전 전달했다.

12월 13일 만델라는 데 클레르크 대통령과 그의 집무실에서 면담했다. 쿠체 법무장관, 윌렘스 교도청장, 바나드 박사가 배석했다. 보타 대통령과의 만남에서와는 달리 민감한 사안들에 대한 솔직한 대화가 오갔다. 만델라는 특히 국민당이 내놓은 '5개년 계획'의 문제를 거론했다. 이 계획은 '집단의 권리group rights'라는 개념을 도입하여 어떠한 인종 집단도 다른 인종 집단에 우선할 수 없다는 원칙 아래 미래의 남아프리카 체제에서 소수 백인을 보호한다는 명분을 내세우고 있으나 사실상의 주안점은 백인 지배 체제를 유지하는 데 있음을 지적했다.

이 같은 안은 아파르트헤이트체제의 해체가 아닌 변용을 시도한다는 비판을 면키 어려울 것이었다. 흑인이 지배하게 되는 체제에 대한 백인 사회의 두려움은 당연히 해소돼야 하지만 '5개년 계획'은 설득력 있는 해결책이 아님을 설명했다.

데 클레르크 대통령은 그런 문제가 있다면 대안을 찾아봐야 할 것이란 반응이었다. 상대방의 입장을 이해하려고 노력하는 스타일이었다. 그는 만델라가 전임 보타 대통령에게 보낸 비망록의 내용도 언급하며 인종 간 두려움을 해소하는 것이 자신과 만델라의 공통된 목적이라고 했다.

매우 유익한 만남이었다. 데 클레르크 대통령은 과거의 국민당 지도자들과는 다른 인물이었다. 만델라는 그와 함께 남아프리카의 미래를 설계할 수 있으리라 생각했다. 이런 생각을 루사카의 ANC 지도부에도 전했다.

# 10

# 무지개 공화국

Nelson Rolihlahla Mandela

## 자유인으로 돌아오다

만델라가 1990년 2월 11일 자유의 몸이 되며 남아프리카 역사의 새로운 막이 올랐다. 그의 석방은 아파르트헤이트 체제의 해체와 민주 국가의 재건을 예고했다. ANC에 대한 금지령이 해제됐고 많은 정치범들이 풀려났다. 만델라는 석방된 이튿날 내외신 기자들을 위한 회견에서 흑인과 백인이 서로 두려워하지 않으며 함께 일하는 사회를 건설할 것을 다짐했다. 27년간 자신을 감옥에 가둔 백인을 증오하지 않느냐는 질문엔 자신이 증오하는 것은 아파르트헤이트 체제이며 사람이 아니라고 했다.

앞으로 건설해야 할 새로운 사회에서도 백인의 역할이 중요할 것이라고 전망했다. 백인이 남아프리카의 발전에 기여한 바를 알고 있으며 민주적인, 흑백이 평등한 나라를 건설하기 위해 협력하는 모든 국민을 포용할 것이라고 했다. 흑인이 백인을 몰아내려고 한다면 나라가 황폐화할 것이라 했다. 인종을 차별하지 않는 국가가 흑백 모두를 위해 더 나은 국가임을 보여주기 위해 최선을 다할 것임을 약속했다.

이튿날 소웨토Soweto 스타디움에서 열린 환영 대회에서도 12만의 군중을 향해 호소했다. 통일된, 누구도 소외되지 않는, 인종 차별 없는, 1인 1표의 투표권을 행사하는 민주국가를 건설하자. 자신이 이를 위해 여생을 바칠 것이며 44세에 감옥에 들어가 71세의 나이에 자유의 몸이 됐으니 허비할 시간이 없다고 했다.

한편 흑인 사회의 각성과 분발을 촉구했다. 학생들은 학교로 돌아가 학업에 매진해야 한다. 범죄의 근절은 시급한 과제다. 실업과 주택난 해소를 위해 노력해야 한다. 남아프리카는 2중의 과제를 안고 있었다. 민주화를 이루면서 흑인들도 골고루 인간다운 삶을 누릴 수 있는 미래를 건설해야 했다.

만델라는 서올란도Orlando West의 옛집으로 돌아왔으나 가정생활의 안온함을 누릴 새가 없었다. 수많은 사람을 만났고 엄청난 과제가 그를 기다리고 있었다. 석방된 지 2주가 지나지 않아 루사카로 날아가 ANC 전국집행위원회 모임에 참석했다. 이 자리에서 짐바브웨의 로버트 무가베Robert Mugabe, 잠비아의 케네스 카운다Kenneth Kaunda, 앙골라의 도스 산토스José Eduardo Dos Santos 등 아프리카의 다른 지도자들과 회동했다.

만델라는 정부와의 협상 경과와 내용을 보고했다. 정부와의 교섭에서 ANC의 기본 노선에 충실하였음을 설명하며 만델라가 정부의 함정에 빠져들었다는 일각의 의구심을 털어내도록 했다. 이 회의에서 만델라는 ANC의 부의장으로, 알프레드 엔조Alfred Nzo가 의장 대행으로 선임됐다. 올리버 탬보는 뇌졸중으로 쓰러진 후 건강이 채 회복되지 않아 의장직을 수행하기 어려웠다.

이후 아프리카 순방에 나섰다. 다르 에스 살람Dar es Salaam에선 50만 군중이 그를 환영했다. 카이로에선 대 혼란이 빚어졌다. 엄청난 군중이 그에게 밀어닥쳐 한쪽 신발을 잃어버린 채 연단에 섰다. 연단에선 '만델라! 만델라!'를 외치는 군중의 함성이 가라앉지 않아 연설을 포기해야 했다. 카이로의 기자회견에서 ANC가 무장 투쟁을 중지할 의향이 있음을 시사했다. 이는 데 클레르크 대통령을 향한 메시지이기도 했다. 그에게 개혁 프로그램을 추진할 수 있는 동력을 제공하고자 했다.

이어서 스톡홀름으로 향했다. 올리버 탬보가 스웨덴 정부의 호의로 그곳 병원에서 가료 중이었다. 탬보는 이제 만델라가 ANC 의장직을 맡아줄 것을 부탁했다. 그러나 만델라는 사양했다. 탬보가 총회에서 의장으로 선출되었듯이 나중의 상황에 따라 총회의 결정에 따르겠다고 했다.

4월엔 런던 웸블리 스타디움Wembley Stadium에서 만델라를 위한 콘서트가 열렸다. 많은 유명 음악가들이 무대에 오르고 세계 전역으로 TV 방영된 공연이었다. 만델라는 이 기회에 아파르트헤이트의 종식과 자신과 동료들의 석방을 위해 노력한 세계 모든 나라의 정부와 시민들의 지지와 연대에 감사했다.

6월 초부터 6주간의 유럽 및 북미 순방이 예정돼 있었다. 떠나기 전 데 클레르크 대통령이 남아프리카에 대한 제재 해제를 이들 나라 지도자들과 협의해 줄 것을 부탁했으나 들어줄 순 없었다. 아파르트헤이트가 완전 해체되고 과도 정부가 들어서기까지 국제 제재가 국민당 정부를 움직일 수 있는 유력한 무기였다.

파리에서 만델라 내외는 미테랑Francois Mitterand 대통령 부처의 융숭한 환대를 받았다. 부인 다니엘Danielle은 오랜 세월 ANC의 후원자였다. 그의 파리 방문 기간 중 남아프리카 정부는 국가비상사태 선언을 거두어들였다. 국제 제재의 완화를 이끌어내기 위한 움직임이었다.

스위스, 이탈리아, 네덜란드를 거쳐 영국에 잠시 머문 후 미국으로 향했다. 뉴욕에선 백만 시민이 만델라 일행의 모터케이드motorcade에 환호했다. 양키 스타디움Yankee Stadium의 군중을 향해 아프리카계 미국인과 남아프리카 흑인의 연대를 강조했다. 멤피스와 보스톤을 방문한 후 워싱턴 상하원 합동 회의에서 연설했다. 미국 의회의 반아파르트헤이트 입법에 감사하며 새로이 탄생할 남아프리카도 미국 의회를 탄생케 한 정신과 가치를 받들 것이라 했다. 이후 캐나다, 아일랜드, 영국, 우간다, 케냐, 모잠비크를 거쳐 귀국했다.

7월 중순 조 슬로보Joe Slovo가 ANC와 정부 간 협상의 분위기를 조성하기 위해 ANC가 선제적으로 무장 투쟁을 중지할 것을 제의했다. 데 클레르크 대통령의 개혁 정책에 힘이 실어 주며 협상의 진전을 도모한다는 아이디어였다. ANC 지도부 내 강경파로 알려진 슬로보가 이런 제의를 내놓은 것은 의외였으나 만델라도 그와 생각을 같이하게 된다. 무장 투장의 기본 목표가 정부를 협상 테이블로 이끌어낸다는 것이었고 이제 ANC가 이니셔티브를 취할 때라고 판단했다. 전국집행위원회도 일부의 반대를 무릅쓰고 슬로보의 제의를 받아들였다.

이것이 단초가 되어 8월 6일 ANC와 정부가 프리토리아 각서Pretoria Minute에 합의했다. ANC는 무장 투쟁의 중지를, 정부는 정치범의 석방과 사면을 약속했다. 1991년 5월까지 사면 절차를 완료하기로 했다. 정부는 치안법Internal Security Act의 개정도 검토하기로 했다.

## 권력 분점의 구상

만델라의 석방을 알리기 1주일 전인 1990년 2월 2일 데 클레르크 대통령은 의회 개원 연설에서 남아프리카 역사의 신기원을 알렸다. ANC, PAC, 공산당 등 31개 조직에 대한 금지령을 해제하고, 정치범을 석방할 것이며, 국가비상사태 선포에 따른 모든 제약을 철폐하고,

사형 집행을 정지할 것이라 선언했다. "이제 협상할 때가 됐다"라고 했다.

그러나 데 클레르크 대통령이 머릿속에 그렸던 남아프리카의 미래는 ANC의 비전vision과는 상당한 거리가 있었다. 기본적으로 국민당의 권력 기반을 유지한다는 구상이었다. 점진적으로 개혁을 추진하되 새로운 정치 체제에서도 아프리카너가 국정의 중심축이 된다는 생각이었다.

그가 내놓은 양원제 안이 이런 구상을 반영했다. 상원이 하원을 통과한 법안에 대한 거부권veto을 갖도록 하자고 제의했다. 하원은 보통선거를 통해 구성하되 상원은 일정 수준 이상의 지지를 획득한 모든 정당이 균등한 대표권을 갖는 구조를 상정했다. 모든 정당이 내각 구성에 참여하고 합의consensus에 의해 정책을 결정하는 체제를 제의했다. 그는 이를 권력 분점의 구도라 했다. ANC를 견제할 수 있는 다른 세력과의 연대가 가능할 것이라 기대했다.

데 클레르크의 이런 생각을 부추긴 것이 ANC와 인카타 자유당Inkatha Freedom Party 간의 불협화음이었다. 콰줄루Kwa-Zulu 자치구의 부테레지 족장Chief Mangosuthu Buthelezi이 이끄는 인카타는 줄루 왕실의 유지와 족장의 통치권을 주장하며 상당한 지지 세력을 확보하고 있었다. 부테레지 족장은 향후 지방정부가 거의 완전한 자치권을 행사하는 연방제와 같은 통치 구조를 기대하고 있었다. 1980년대에 들어와 나탈Natal 지방의 인카타와 ANC 지지자들과의 갈등이 폭력 사태로까지 번지게 된다. 데 클레르크는 이런 흑인 사회의 분열이 ANC의 협상력을 약화시킬 것으로 보았다.

중무장한 인카타 지지자들의 공격으로 ANC 거점이 있던 나탈 중부 지방과 피터마리츠버그Pietermaritzburg 인근 마을이 불타고 수십 명이 사망했다. 수백 명의 부상자와 수천의 이재민이 발생했다. 줄루족이 줄루족을 죽이는 내전과 같은 혼돈 속에 1990년 3월 한 달 동안 230명이 목숨을 잃었다. 석방된 지 2주가 막 지난 만델라는 더반Durban으로 달려가 10만 줄루 군중에게 무기를 내려놓을 것을 호소했다.

경찰과 군부 일각이 인카타를 지원하고 있었다. 정부도 인카타의 폭력을 부추기는 듯했다. 정치 집회나 시위에 줄루족의 전통 병기인 목창을 소지할 수 있도록 했다. 데 클레르크 대통령의 의도를 의심할 수밖에 없는 처사였다.

1990년 7월 22일 발Vaal 지역의 세보켕Sebokeng에서 ANC 집회가 열리는 날 인카타 대원들이 대규모 공격을 감행했다. 이들은 대낮에 경찰차의 호위를 받으며 몰려와 학살을 자행했다. 11월엔 요하네스버그 동쪽 저미스턴Germiston 시 외곽의 판자촌을 공격하여 주민들을 쫓아냈다. 다수 주민이 목숨을 잃었다. 인카타 폭도들이 가재도구를 몰수하고 빈 집을 점거하는 현장을 경찰이 지켜보고 있었다. 이런 참사가 빚어질 때마다 만델라는 데 클레르크 대통령을 만나 항의하며 설명을 요구했으나 매번 조사하여 대책을 강구하겠다는 반응이었다. 말만 그렇게 했을 뿐 아무런 조치가 취해지지 않았다.

## 협상의 고삐를 조이다

만델라는 1991년 7월 30년 만에 처음 국내에서 열린 ANC 총회에서 신임 의장으로 선출됐다. 젊은 노조 지도자 시릴 라마포사Cyril Ramaphosa가 사무총장 직을 맡게 됐다. ANC가 합법화된 후 700,000명의 회원을 확보했다. 남아프리카 최대의, 유서 깊은 정당으로 성장하고 있었다.

데 클레르크 정부는 ANC와의 협상을 서두르지 않았다. 그러나 만델라는 협상을 고삐를 늦추지 않았다. 어떠한 상황에서도 데 클레르크 대통령을 대화의 틀 속에 묶어두려 했다. 그러나 인카타의 ANC에 대한 무력 도발이 계속되는 가운데 대화다운 대화가 이루어지지 않았다.

정부 내의 제3 세력이 인카타를 부추기며 ANC와의 대화를 가로막고 있음이 분명했다. 1991년 4월에 이르러 만델라는 데 클레르크 대통령에게 경고했다. 말란Magnus Malan 국방장관과 블로크Adriaan Vlok 법질서장관을 해임하고, 인카타 대원들의 무기 소지를 금하며, 요하네스버그 부근의 인카타 대원 본거지를 정리하고, 정부 내 비밀 무장 조직을 없애며, 독립 기구를 설치하여 비밀경찰의 비행을 조사할 것을 요구했다.

정부가 ANC와의 대화를 한없이 미룰 순 없었다. ANC는 이제 합법 조직으로서 많은 국민이 호응하는 정당이 됐다. 만델라 석방 후의 여러 여론조사에서 늘 60% 이상의 응답자가 ANC를 지지했다. 평화로운 체제의 변환을 바란다면 인카타의 폭력을 계속 보고만 있을 수 없었다.

1991년 12월 20일 드디어 민주 남아프리카를 위한 총회Convention for a Democratic South Africa, CODESA가 세계무역센터World Trade Center에서 개막됐다. 첫 예비회담이 열린 후 1년 반 만이었다. 정부와 ANC를 비롯한 남아프리카의 18개 단체가 대표단을 보내고 유엔United Nations, 영연방British Commonwealth, 유럽공동체European Community, 아프리카연합기구Organization of African Unity 등의 오브서버가 참석했다. 남아프리카의 미래를 결정하기 위한 역사적 첫걸음이었다.

PAC는 총회를 보이콧했다. ANC와 국민당이 다인종 정부를 구성하기 위해 모의했다는 이유를 들었다. PAC는 여전히 흑인 순혈주의를 고집하고 있었다. 부테레지 족장도 참석을 거부했다. 그는 인카타, 콰줄루 자치정부, 그리고 즈웰리티니Zwelithini 줄루 왕이 각기의 대표단을 총회에 보내야 한다는 입장이었다. 이는 총회가 받아들일 수 없는 조건이었다. 정부와 ANC는 부족 왕이 전통 문화의 지킴이로 군림하되 국가 통치권은 헌법에 따라 의회를 통해 행사돼야 한다는 입장이었다. 만약 줄루 왕이 헌정 질서를 논의하는 총회에 대표단을 파견할 수 있다면 남아프리카의 다른 여러 부족에게도 그런 권한을 인정해야 할 것이었다.  그리고 인카타의 지도자인 부테레지 족장이 자신이 행정 수반인 콰줄루의 대표단 파견을 주장하는 것도 사리에 맞지 않았다.

이 첫 CODESA 모임은 각 대표단의 기본 입장을 공식적으로 확인하는 자리였다. 만델라는 정부의 정통성은 국민의 동의에 바탕을 두어야 하며 국민 모두가 투표권을 행사하는 선거를 통해 새 헌법을 제정하는 의회를 구성할 수 있을 것이라 했다. 국민 통합을 지향하는 과도정부가 공정한 선거와 평화로운 체제 전환을 도모할 수 있을 것으로 보았다. 데 클레르크 대통령은 '권력 분점'의 바람직함을 다시 한 번 설명했다.

총회 첫날 모든 대표단이 기본 목표의 선언Declaration of Intent에 동참했다. 통일 남아프리카Undivided South Africa의 최고 법은 헌법이며 독립적 사법부가 이를 수호할 것이라 했다. 모든 국민은 법 앞에 평등하며 국민의 자유를 보호하기 위한 권리장전Bill of Rights을 채택할 것이라 했다. 모든 성인이 투표권을 갖는 다당제 민주주의 체제를 전망했다.

첫 모임에서 모두가 만족할 만한 결론이 나올 순 없었다. 다음 총회를 1992년 5월에 열기로 하고 그때까지 5개 실무위원회working groups에서 각 분야별로 이견을 조율키로 했다. 새 헌법의 대 원칙, 과도정부의 설치, 민주화를 위한 정치 분위기 조성, 자치구의 미래, 남아프리카 방송공사의 개편 등이 주요 사안들이었다.

첫 총회 후 약 4개월이 지난 1992년 5월 15일 2차 총회가 열렸다. CODESA II라고 했다. 정부와 ANC는 그간 여러 차례의 비공식 회담을 통해 총회를 준비했고 개막 하루 전 만델라와 데 클레르크 대통령 간의 마지막 조율이 있었다. 그러나 이번 총회에서도 정부와 ANC는 이견을 좁히지 못했다. 정부는 상원의 하원을 통과한 법안에 대한 거부권을 주장했다 – 상원의원은 선출직이 아니었다. 지방 정부가 중앙 정부의 통치 기능을 약화시킬 수 있는 구도를 설정했다. 사실상 CODESA에서 새 헌법을 제정하도록 했다. 이 모두가 국민당 정부의 집권 연장을 위한 것이었으며 민주화 개혁과는 거리가 먼 안이었다.

CODESA II가 실패로 끝나자 ANC는 민중의 힘으로 정부를 압박하기로 했다. 파업, 시위, 보이콧을 통해 민주화에 대한 국민의 열망을 보여주고자 했다. 1992년 6월 16일의 시위를 시작으로 8월 3일과 4일 이틀간의 전국 총파업이 예정돼 있었다. 이 와중에 인카타의 폭력이 재연됐다. 6월 17일 중무장한 인카타 부대가 보이파통Boipatong의 발Vaal 마을을 급습하여 주민 46명이 목숨을 잃었다. 사망자 대부분이 여자와 아이들이었다. 1주일 동안 인카타의 ANC 지지 주민에 대한 연쇄 학살 참극이 계속됐다. 경찰은 손을 놓고 있었고 사건의 진상을 조사하지도 않았다.

데 클레르크 대통령도 아무 말이 없었다. 정부가 이중 전술을 펴고 있음이 분명했다. 협상의 장을 열어놓곤 대회의 진전을 위해 협력하지 않았다. 그러면서 ANC와 흑인 사회에 대한 은밀한 전쟁을 벌이고 있었다. 만델라는 2만 명의 ANC 지지자들이 참여한 집회에서 정부와의 협상 중지와 전국집행위원회의 소집을 선언했다. 정부의 행동을 나치Nazis의 만행에 비유하며 국민의 자유로운 의사 표시를 막는다면 자신이 전국적 항거 캠페인의 제 1선에 설 것임을 경고했다.

8월 3일과 4일 ANC 지지자들이 남아프리카 역사상 최대의 파업에 돌입했다. 4백만 이상의 근로자들이 정부가 대화에 성의를 보일 것을 촉구하며 출근을 거부했다. 10만의 시위 군중이 프리토리아 정부 청사 앞을 행진했다. 만델라는 이 집회에서 하루 빨리 민주화를 위한 과도정부를 구성할 것을 촉구했다.

어두운 과거로 되돌아갈 수 있다는 우려 속에서도 만델라와 데 크레르크는 9월 26일 다시 만났다. 막후에서 진행된 비밀 협상을 바탕으로 향후의 대화를 추진하기 위한 양해 각서Record of Understanding가 나왔다. 폭력 사태에 대한 경찰의 대응을 조사하기 위해 독립 기구를 설치하며, 인카타 대원의 활동을 제한하고 이들 집회에서의 무기 소지를 금지키로 했다.

이 양해 각서에서 협상의 돌파구도 마련됐다. 정부가 드디어 선거를 통한 제헌 의회의 구성에 합의했다. 거부권veto을 행사할 수 있는 상원의 설치를 포기하였으니 민주화를 향한 큰 걸음을 내디딘 것이었다. 이제 남은 일은 총선거의 일정과 의회 내 어느 정도의 지지를 확보해야 새 헌법의 채택이 가능할지에 대한 협상이었다.

조 슬로보Joe Slovo가 무장 투쟁을 선제적으로 중지할 것을 제의했듯이 이번엔 '국민통합정부government of national unity'에 대한 안을 내놓았다. 앞으로 들어설 새 정부에서 일정 기간 국민당이 권력을 나누어 갖는 구도를 제의했다. 보안 경찰 요원에 대한 사면과 공무원의 임기를 보장함으로써 행정의 계속성과 국민 화합을 도모하고자 했다.

이것이 단초가 되어 1992년 12월 정부와 ANC 간 5일간의 비공식 회담이 열렸다. 양측은 총선에서 5% 이상 득표하는 모든 정당이 득표에 비례하여 내각에 참여하는 '국민통합정부'의 구성에 합의했다. 이 내각이 5년간 국정을 관리하며 그 후로는 과반수를 득표하는 정당이 집권당이 되도록 했다. 이듬해 2월 이 합의 내용이 연내의 총선 계획과 함께 발표됐다. 비로소 남아프리카의 새로운 미래가 그 윤곽을 드러냈다.

## 노벨 평화상

노르웨이 노벨 위원회는 만델라와 데 클레르크 대통령을 1993년도 평화상 수상자로 지명했다. 노르웨이와 스웨덴은 ANC와 만델라에게 특별한 나라였다. 두 나라는 1950년대부터 남아프리카 정치범의 변호를 위해 재정적으로도 지원했다. 해외 망명 중 건강이 악화된 올리버 탬보는 스웨덴 정부의 호의로 스톡홀름 병원에서 치료받았다.

만델라는 노벨상을 남아프리카의 민주화를 위해 노력한 모든 국민에게 주는 상으로 받아들였다. 시상식에서 공동 수상자인 데 클레르크 대통령을 치하했다:

"그는 아파르트헤이트 체제가 국가와 국민에게 끼친 해악을 인정하는 용기를 보여주었습니다. 그는 모든 국민이 참여하는 대화를 통해 남아프리카의 미래를 결정하는 데 동의했습니다."

데 클레르크와의 공동 수상에 반대하는 이들도 많았다. 그러나 만델라는 데 클레르크가 평화로운 체제 전환에 기여한 공을 인정했다. 그의 역할을 인정하지 않는다면 대화의 진전을 기대할 수 없었다. 적을 파트너로 인정해야 협상을 통한 평화가 가능할 것이었다.

## 무지개 공화국의 탄생

1994년 4월 27일이 총선 날로 결정됐다. 남아프리카 역사상 최초로 모든 국민이 투표권을 행사하게 됐다. 상, 하원 양원을 두기로 하고, 400명의 하원의원을 직접 투표에 의해 비료대표제로 선출하고, 상원의원은 지방 의회에서 간접 선출하기로 했다. 지방의원 선거도 같은 날 시행될 예정이었다. 지방 의회는 헌법의 정신과 규정에 어긋나지 않는 자체의 조례를 입법할 수 있었다.

총선에서 5% 이상을 득표한 모든 정당이 '국민통합정부government of national unity'의 내각 구성에 참여토록 했다. 국민통합정부는 5년 간 존

파알(Paarl)의 달 호사파트(Dal Josafat) 경기장에서 열린 ANC 정치 집회에 참가한 관중들의 환호에 답하고 있다. 이날은 ANC가 남아프리카 공화국의 첫 자유민주주의 선거를 위한 정치 캠페인을 시작한 날이었다.(1994. 2. 2)

속하며 내각은 합의제consensus로 운영키로 했다. 독립적인 선거관리위원회Electoral Commission가 설치됐다.

콰줄루 자치구와 일부 백인 보수 세력이 분리 독립을 시도하고 있었다. 만델라는 부테레지 족장과의 최종 협상을 통해 지방 정부의 자치권을 최대한 인정키로 하고 남아프리카의 분열을 막았다. 많은 우여곡절 끝에 '문화와 언어 전통을 공유하는 집단의 내적 자결권을 보장하는' 조항을 장래 제정될 헌법에 포함키로 약속했다. 콰줄루 자치구의 총선 참여를 이끌어내기 위한 양보였다. 콘스탄드 빌욘Constand

Viljoen 장군이 이끄는 백인 아프리카너 보수 그룹도 독자 세력화 움직임을 멈추고 자유전선Freedom Front이라는 정당으로 변신하여 선거에 참여했다. 만델라와 빌욘 장군의 대화 노력이 낳은 성과였다.

ANC는 미래를 향한 비전으로 선거 운동에 임했다. 150쪽에 달하는 '재건 개발 계획Reconstruction and Development Program'은 공공사업의 확장을 통한 일자리 창출, 백만 가구를 위한 주택 건설, 전기와 수도 시설 공급, 보편적 보건 의료 서비스와 10년간의 무상 교육, 토지 재분배, 기초식품에 대한 부가가치세 면제, 광범한 분야에서 양성 평등 고용 등을 약속했다. '모두를 위한 더 나은 삶'이 슬로건이었다.

1994년 4월 27일의 역사적인 총선에서 ANC가 62.6%의 표를 얻어 하원의 400석 중 252석을 차지하게 됐다. 지역별로는 국민당이 우세한 서케이프Western Cape에서 33%, 인카타가 우세한 콰줄루/나탈KwaZulu/Natal에서 32% 득표한 것을 제외하면 전 지역에서 제1당의 지위를 확보했다.

ANC 일각에서 2/3 이상의 의석을 얻지 못한 것을 아쉬워하는 이들이 있었다. 그러나 만델라는 차라리 다행이라는 생각이었다. 만약 하원 의석의 2/3 이상을 차지하게 됐더라면 다른 정당의 견제가 무력해지고 ANC가 헌법 제정의 전권을 휘두를 수도 있었다. 따라서 새 헌법이 남아프리카의 헌법이 아니라 ANC의 헌법이 될 위험이 있었

넬슨 만델라와 그의 정적 데 클레르크 대통령이 남아프리카에서 가장 큰 흑인 교회인 시온 기독교 교회의 부활절 모임에 참석하였다.(1994. 4. 3)

다. 이런 사태는 국가의 화합을 저해할 수 있을 것으로 보았다. 그는 진정한 '국민화합정부'의 출범을 희망했다.

만델라는 1994년 5월 10일 무지개 공화국의 초대 대통령으로 취임했다. 그는 '화해reconciliation'를 최우선의 과제로 삼았다. 아파르트헤이트의 상처를 치유하며 신뢰의 사회 풍토를 조성코자 했다. 백인, 인도계, 혼혈인의 앞날에 대한 불안감을 해소하고 모든 국민이 평안한 마음으로 국가의 발전에 참여할 수 있도록 격려했다. 자유를 위한 투쟁은 특정 인종 집단이 아니라 잘못된 체제와의 싸움이었다고 했다. 기회 있을 때마다 남아프리카는 미래를 향해 함께 나아가야 할 한 민족, 하나의 통일 국가임을 강조했다.

## 국민화합정부의 대통령으로

만델라는 새로 탄생한 남아프리카의 대통령으로서 국민 화합을 도모하며 서민의 삶의 질을 개선하는 데 힘을 쏟았다. 타보 음베키가 제1 부통령으로, 데 클레르크가 제2 부통령으로 임명됐다. 부테레지 족장도 내무장관으로서 국정의 파트너가 됐다. 데 클레르크 정부의 데렉 케이스Derek Keys 재무장관은 유임됐다. 흑인, 백인, 인도계, 혼혈인 등이 함께 내각을 구성했다. '합의에 의한 정치'는 만델라 리더십의 브랜드가 됐다.

대통령 임기 초기부터 어머니와 아동을 위한 무상 의료, 초등학교 무상 급식을 포함한 교육 투자 확대, 저소득 가구를 위한 백만 호 주택 건설, 농촌 주민을 위한 상수도 시설 등의 과제를 풀어나갔다. 국가 자원을 서민을 위해 더 많이 배분함으로써 경제 양극화를 극복하고자 노력했다. 한편 재정 건전성을 회복하기 위해 정성을 기울였다. 만델라의 5년 임기 중 공공부채가 2,500억 랜드 줄어들었다.

국가 경제는 연 3% 정도의 성장률을 유지했으나 실업난이 풀어야 할 숙제로 남았다. 무역을 자유화하며 공공부채를 줄여나간 정책이 실업난 해소를 어렵게 했다는 분석도 있었다. 기업 경영의 차원에서는 새로운 노사관계 법규와 성 평등 고용 원칙 등을 탓하기도 했다.

만델라 정부의 진실화해위원회Truth and Reconciliation Commission 사업은 전 세계의 귀감이 됐다. 아파르트헤이트 체제 하 인권 침해의 실상을 전 국민이 알 수 있도록 밝히면서도 그 책임자에 대해서는 광범한 사면을 베풀었다. 정치 보복은 일체 없었다. 과거에 얽매이지 않고 미래를 함께 건설하고자 했다.

1994년 총선을 전후하여 인카타의 폭력도 점차 사그라졌다. 인카타 세력의 중앙정부 진출과[2] 콰줄루/나탈 지방정부 장악으로 ANC와의 갈등이 잦아들었다. 중앙정부의 지방정부에 대한 자원 배분에서도 인카타의 과거 행동이 콰줄루/나탈 지역에 대한 불이익의 원인이 되지 않았다.

만델라는 대통령이 돼서도 소박한 삶을 살았다. 그는 매달 봉급의 1/3을 그의 노벨 상금을 기금으로 설립된 자선단체에 기부했다. 요하네스버그 근교의 그의 집은 매우 검소했다. 자신의 침대와 파자마를 직접 정돈했다. 휴가 때면 고향 쿠누Qunu의 시골집에서 마을 사람들과 교유했다. 그의 친지들이 특권을 누리는 서클을 이룬 일이 없었다.

2 그 대표적인 예가 부테레지 족장의 내무장관 임명이었다. 때때로 부테레지 장관은 만델라 대통령이 해외여행 등으로 자리를 비운 사이 대통령 대행 직을 맡기도 했다.

만델라 정부의 외교정책에 그의 인품, 철학, 세계관이 스며 있었다. 외교도 인권 증진에 기여해야 한다고 믿었다. 내 나라의 국가 이익을 정의함에 있어 다른 나라 국민의 행복을 염두에 두어야 한다고 했다. 외교정책이 자국 중심적일 수밖에 없으며 따라서 이기적일 수밖에 없다는 전통적인 사고의 틀에 매이지 않았다.

국제법의 준수, 국제기구 활동 지지, 아프리카와 개발도상국가들과의 연대를 강조하는 외교 원칙은 이와 같이 자국自國과 타국他國의 안위와 발전을 함께 도모하는 전략이었다. 아프리카 대륙의 중견 국가로서 국제 문제의 해결을 위해 다자간 협력을 증진하는 데 앞장섰다.

반아파르트헤이트 투쟁의 역사는 만델라 정부의 도덕적 위상을 높였다. 특히 만델라의 명성이 남아프리카의 국제무대에서의 중재자 역할을 가능하게 했다. 남아프리카가 비동맹운동Non-Aligned Movement, NAM의 의장국으로 활동하는 동안 서방 선진국들을 NAM 회의에 초대했고, '제3 세계' 국가들의 다보스 포럼Davos Forum 거부 분위기가 사그라들었다. 유럽연합과의 무역 협상에서는 끈질긴 대화 노력으로 남아프리카 지역 국가들을 위한 괄목할만한 양보를 이끌어냈다.

만델라는 취임 후 약 2년 간 국정의 모든 부문에서 리더십을 발휘했다. 1996년 새 헌법이 제정된 후로는 경제 정책 등 내정의 상당한 부분을 음베키 부통령에게 위임하게 된다. 그러나 안보 · 외교 정책은 자신이 직접 챙겼다.

남아프리카 국민은 만델라 대통령에게 광범한 신뢰와 지지를 보냈다. 그가 공직에서 물러나는 1999년 6월경의 여론조사에서 국민의 80%가 그의 업무 수행에 만족한다고 답했다. 인종의 경계를 넘어 지지도가 높았다. 1998년 11월의 여론조사에서 백인의 59%가 만델라 대통령의 업적을 긍정적으로 평가했다.

만델라는 퇴임 후에도 아프리카의 평화와 안정을 위한 노력을 멈추지 않았다. 그의 1999년 12월부터 2001년 11월까지 계속된 중재 노력으로 부룬디Burundi의 국민 통합 정부가 탄생했다. 부룬디의 투치Tutsi와 후투Hutu 족 간의 갈등은 1990년대 중 350,000 명의 생명을 앗아갔다. 부룬디가 독립한 이래 소수 세력인 투치가 군부와 경찰을 장악하고 있었고, 후투 반군과의 무장 대결이 내전으로 치달았다. 탄자니아 니에레레Julius Nyerere 전 대통령의 중재 노력이 성과를 거두지 못하고 있던 교착 상태에서 만델라가 중재자로 나서게 됐다.

9개월간의 협상 끝에 부룬디의 19개 세력 집단의 과도 정부 구성에 대한 합의를 이끌어냈다. 반군 조직을 새로 편성될 정부군으로 편입시키고 진실화해위원회Truth and Reconcilation Commission가 설치되도록 했다. 만델라는 협상 과정에 빌 클린턴Bill Clinton과 같은 중량급 인물을 등장시킴으로써 대화 노력에 무게를 실었다.

공직에서 은퇴한 후의 만델라(2009. 4. 16)

서로 다른 종족 집단이 권력을 나누어 가지며 대통령직을 번갈아 맡는 전혀 새로운 구도를 제시하며 분쟁을 가라앉혔다. 남아프리카의 경험을 거울로 삼아 갈등 당사자 간의 '충분한 합의sufficient consensus'를 점진적으로 도출하는 데 성공했다. 주요 당사자 간의 비밀 회담에서 양자 간 타협이 이루어지면 이를 전체 회의로 가져가 여러 세력 간의 합의로 발전시켰다. 만델라는 이해관계가 다른 사람들끼리의 '타협'이 '리더십의 예술'이라고 했다.

# 참고 문헌에 대해

만델라는 로벤 섬에 수감 생활 중이던 1975년 동료들의 권유로 회고록 집필에 착수했다. 당시의 초고를 기본 골격으로 1994년 그의 자서전『자유를 향한 긴 여정』*Long Walk to Freedom*이 완성되어 출간됐다. 필자는 만델라의 자서전을 통해 그의 숨결을 느끼며 이 책의 원고를 준비하는 행운을 누렸다.

만델라와 남아프리카의 민권 운동에 대해서는 많은 연구가 이루어지고 그 결실이 다수의 단행본과 논문으로 발표됐다. 그 중 이 책의 집필에 참고한 주요 문헌들과 그 특징을 짤막히 소개한다.

- Tom Lodge, Mandela : A Critical Life, Oxford University Press, 2006 – 만델라가 정치 지도자로 성숙, 부상하는 과정과 요인을 정치 사회학의 관점에서 분석한다. 만델라의 도덕

성과 사명감, 품위와 명예를 중시하며 모든 인종과 정파를 배려하는 정신이 남아프리카의 평화로운 민주화를 일구어낸 것으로 해석한다.

- Padraig O'Malley, Shades of Difference: Mac Maharaj and the Struggle for South Africa, Penguin Books, 2007 – 이 책의 주인공 마하라지는 만델라와 로벤 섬에서 고초를 나눈 동지이다. 저자 오말리와 마하라지 간의 대담을 바탕으로 남아프리카 민권 운동의 발자취를 생생히 전해 준다. 만델라가 이 책을 위해 애정 어린 서문을 썼다.

- Carien du Plessis & Martin Plaut, Understanding South Africa, Hurst & Company, 2019 – 남아프리카의 현대사를 개관하며 아파르트헤이트 체제가 남긴 유산과 이 나라가 풀어나가야 할 난제들을 분석한다. 만델라 다음 세대의 과제에 초점이 맞추어져 있다.

- Robert Ross, Concise History of South Africa, Cambridge University Press, 1999 – 일정 정파의 정치적 정서에 기울지

않은 균형 잡힌 시각으로 남아프리카의 현대사를 깊이 있게 서술한다.

- Allister Sparks, Tomorrow is Another Country: The Inside Story of South Africa's Road to Change, The University of Chicago Press, 1995 – 만델라와 데 클레르크 정부 간의 아파르트헤이트 체제의 해체와 새 정부 수립을 위한 비밀 협상 과정을 면밀히 분석했다.

- Håkan Thörn, Anti-Apartheid and the Emergence of a Global Civil Society, Palgrave Macmillan, 2009 – 반아파르트헤이트 운동이 범세계적 민권 운동으로 발전하는 배경과 과정을 분석한다. 남아프리카의 변화를 정치 · 사회 · 문화 세계화 현상의 한 단면으로 이해한다.